なぜ自治体職員に
きびしい法遵守が
求められるのか

加藤良重　著

公人の友社

はしがき

　自治体において、一部の職員によることとはいえ、汚職・非行・不正行為などの「公務員犯罪」が後をたたない。「浜の真砂は尽きるとも世に盗人の種は尽きまじ」(石川五右衛門の辞世の句?)との句が思いだされ、なんとも、残念でならない。

　法にふれる行為は、だれでもがひき起こしうることであり、自治体にあっては、それがたとえひとりの職員によってひき起こされたとしても、その自治体全体への信用・信頼がそこなわれることになる。

　そこで、自治体では、職員に対し法遵守(コンプライアンス)の確立・徹底に努めてきているが、十分な効果をあげているとはいえない状況にある。これは、自治体において古くて新しい課題であり、今後も引きつづき取り組むべき重要課題のひとつである。

　この解決に、妙案・決め手はなく、現場に即した創意・工夫による対策を地道に継続していくことが肝要であるが、より根本的には自治体職員の地位と使命を自覚した行動をうながすことである。また、法遵守は、職員人材の重要な要素でもあり、人材育成の側面からの取り組みも必要である。筆者は、37年間の自治体職員生活のなかで、2回の文書訓告をうけるなど何回か法遵守問題に直面し、その対応に苦慮した経験をもっている。また、在職中にきびしい行財政改革をすすめるなかで次なる《人材危機》を予感し、在職中にはいくつかの自主研修にも取り組み、退職後も職員研修講師などとして人材育成にもかかわりつづけてきている。

　本書では、自治体職員の法遵守について、実践論・改革論の視点から、筆者自身のささやかな経験・実践例もまじえて、法に関する基本的事項、倫理関連法違反行為の分類および法遵守体制の整備について整理

し、法遵守問題をのりこえる自治体職員力について考えてみた。拙い本書であるが、おおくの自治体職員の参考になれば幸いである。

公人の友社社長武内英晴さんには、これまでに「福祉政策」「政策法務」「政策財務」に関する拙著の出版で大変にお世話になったが、今回もこのような機会をあたえていただき厚くお礼を申し上げたい。

なお、本書では、主権者の意味で、市区町村民、都道府県民および国民をふくめて「市民」とし、市区町村長および都道府県知事をさして「首長」（正式には「しゅちょう」、慣習的に「くびちょう」）とした。

（追記）

本書の原稿執筆中の2011年3月11日午後2時46分に東北地方太平洋沖地震が発生し、大災害をもたらしました。被災された方々へのお見舞いと亡くなられた方々のご冥福・ご遺族へお悔やみを申し上げます。被災地の一日も早い復旧・復興をお祈りしております。

【目　次】

はしがき

第1章　なぜ自治体職員にきびしい法遵守が求められるのか …… 7

1　自治体と自治体職員 …………………………… 8
　(1)政府としての自治体　(2)自治体職員の地位　(3)首長権限の代行

2　自治体法務と自治体職員の法遵守 …………………………… 12
　(1)従来型法務と政策法務　(2)自治体職員の法遵守

3　生活規範と法 …………………………… 18
　(1)個人規範と社会規範　(2)法の特徴・機能　(3)法の体系

4　法による行政と職員倫理 …………………………… 22
　(1)自治体職員の法遵守　(2)法による行政の原理　(3)職員倫理

第2章　自治体職員の倫理関連法違反行為にはどのようなものがあるか …… 25

1　犯罪となる行為 …………………………… 26
　(1)罪刑法定主義　(2)刑事犯と行政犯　(3)自治体職員と犯罪

2　職務関連の犯罪 …………………………… 28
　(1)刑法上の汚職犯罪　(2)個別法上の犯罪　(3)条例上の犯罪

3　私生活における犯罪 …………………………… 34
　(1)刑法上の犯罪　(2)個別法上の犯罪　(3)条例上の犯罪

4　不正経理 …………………………… 38
　(1)不正経理の方法　(2)不正経理の実態　(3)不正経理の発生原因

    5　服務規律違反 ………………………………………… 42
      (1)地公法の服務規律違反　(2)条例等の服務規律違反

    6　職場環境の悪化行為 ………………………………… 46
      (1)セクハラ・パワハラ　(2)自治体職員の健康阻害

    7　行政の不作為 ………………………………………… 48

  第3章　自治体職員の法違反行為に対して
　　　　　　　　　どのような制裁が科されるか ………… 51

    1　法違反行為に対する制裁 …………………………… 52

    2　懲戒処分 ……………………………………………… 53
      (1)懲戒処分の種類・事由　(2)懲戒処分の手続　(3)懲戒処分の状況
      (4)事実上の処分

    3　刑　罰 ………………………………………………… 57
      (1)　刑事罰と行政刑罰　(2)条例と刑罰　(3)欠格条項となる刑罰

    4　過　料 ………………………………………………… 59
      (1)過料の性質　(2)過料の手続

    5　公　表 ………………………………………………… 60

    6　その他の制裁 ………………………………………… 61
      (1)損害賠償責任　(2)社会的制裁

  第4章　自治体職員の法違反行為をださない体制を
　　　　　　　　　どのように整備するか ………… 63

    1　内部体制の整備・強化 ……………………………… 64
      (1)倫理規範　(2)首長の指揮監督権　(3)会計管理者制度
      (4)公益通報制度　(5)不当要求行為への対応策　(6)入札契約制度

(7)汚職・不正経理の防止策

　2　監査委員制度の機能強化 ……………………………………… 72

　3　議会の改革・機能強化 ………………………………………… 73
　　(1)議会の権限　(2)議会の議決権　(3)議会の監視権

　4　外部監査制度の活用 …………………………………………… 76
　　(1)外部監査契約　(2)包括外部監査　(3)個別外部監査

　5　市民による監視・制御 ………………………………………… 78
　　(1)情報公開・個人情報保護制度　(2)行政手続制度
　　(3)事務監査請求制度　(4)住民監査請求・住民訴訟制度
　　(5)オンブズ制度

第5章　法遵守問題をのりこえるため自治体職員に何が必要か …… 83

　1　意識改革から行動改革へ ……………………………………… 84

　2　自治体をめぐる環境の変化 …………………………………… 85
　　(1)自治・分権の拡充　(2)人口構造の変容　(3)財務の緊迫

　3　自治体政策 ……………………………………………………… 90
　　(1)政策とは　(2)政策の主体　(3)政策サイクル
　　(4)自治体政策と法務・財務

　4　自治体職員力 …………………………………………………… 96
　　(1)自治体職員の資質　(2)自治体職員の能力
　　(3)職員人材のイメージ　(4)自治体職員の基本的役割

第 1 章

なぜ自治体職員にきびしい法遵守が
求められるのか

1　自治体と自治体職員

(1)　政府としての自治体

　政府とは、立法権および行政権をもち、それを行使する機構をそなえた組織のことをいう。自治体は、自治権すなわち自治立法権および自治行政権をもち、それを行使する代表機構としての議会および首長をそなえているので、国と同様の政府（自治体政府）である。

　主権者である市民は、選挙と納税をとおして、政府としての国に国レベルの立法権および行政権の行使を信託していると同時に、政府としての自治体に自治立法権および自治行政権の行使を信託しているのである。これが、自治体の存立基盤である。このことは、国の〈最高法規〉

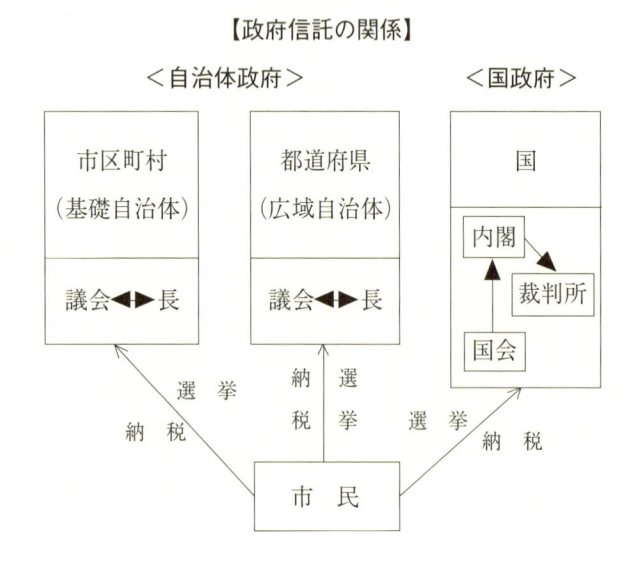

【政府信託の関係】

```
        ＜自治体政府＞              ＜国政府＞
    ┌─────────┬─────────┐   ┌─────────────┐
    │ 市区町村 │都道府県│   │      国      │
    │(基礎自治体)│(広域自治体)│  │  ┌─内閣─→裁判所│
    ├─────┼─────┤   │  ↑        │
    │議会◀▶長│議会◀▶長│   │  国会        │
    └─────┴─────┘   └─────────────┘
         ↑      ↑           ↑
         選挙   納選         選挙
         納税   税挙         納税
              ┌───────┐
              │ 市　民 │
              └───────┘
```

としての日本国憲法の前文に「国政は、国民の厳粛な信託によるもの」と規定され、それぞれの自治体の最高規範としておおくの自治体で制定されるようになっている《自治基本条例》においても、議会および首長の権限行使は市民の「信託」にもとづくことが明定されるようになっている。

　市民は、上図のように同時に基礎・広域の自治体政府（地方政府）および国政府（中央政府）に立法権および行政権の行使を信託している（複数政府信託論）。

(2) 自治体職員の地位

　自治体職員は、市民から自治権の行使を信託された市民の代表機構である首長の補助職員としての地位にある。これが、地方自治法の「普通地方公共団体の長」の「補助機関である職員」の意味である。すべての自治体職員は、その終局的な任免権が市民にあり（公務員の選定・罷免権）、市民全体の奉仕者として、市民の信託にもとづく公務に従事しているのである（日本国憲法15条1・2項）。

　『市民による自治体へ〈信託〉という理論構成からみるとき、職員の「制度的」雇用権者は首長であるが、「政治的」雇用権者は全体としての市民となる。』（松下圭一法政大学名誉教授）。

　なお、自治体職員とは、自治体政府に任命・雇用された者をいうが、本書では地方公務員法の適用をうける一般職の職員をさしている。

(3) 首長権限の代行

　独任制の首長は、その権限のすべてを自ら直接に行使することが事実上、不可能である。そこで、日常的には自治体職員が首長の補助機関の

地位から首長の〈権限の代行〉として、事務処理にあったっている。権限の代行の方式には、補助執行、権限の委任および権限の代理の三つがある。このうち、補助執行が中心となるが、これは単に首長の手足となってその指示どおりに動くことではない。時には、首長に対して必要な意見をのべ、苦言を呈することも必要である。単なるイエスマンでは責任ある自治体職員の態度とはいえない。

① **補助執行**

補助執行は、行政内部において首長の権限を首長の補助機関である職員に補助・執行させることである。これは、内部的に事務を処理させるための方法であり、対外的には首長の名において行われ、首長の行為としての効果を生じ、その責任も首長に帰属する。自治体職員の通常の日常業務は、ほとんどがこれに該当する。部課長などに一定範囲の意思決定をさせる「専決・代決」(内部委任)もこの方式のひとつである。

② **権限の委任**

権限の委任は、首長がその権限の一部を他の行政機関(福祉事務所、保健所、児童相談所など)に移し、行使させることである。権限そのものが受任機関に移り、首長は委任事項の処理権限を失い、受任機関がその権限を自己の権限として、自己の名と責任において行使する。生活保護の開始・廃止決定などの権限を福祉事務所長に委任するように受任の行政機関は、首長の補助機関であるのが通例である。

③ **権限の代理**

権限の代理は、首長の権限の全部または一部を補助機関である職員に委ねることである。この方式では、権限そのものが移されるのではなく、代理者は首長の名においてその権限を行使し、その行為は首長の行為としての効果を生ずる。首長に事故があるときの副市区町村長・副知事による職務代理などの法定代理と補助機関である職員に事

務の一部を代理させる授権（委任）代理とがある。訴訟では、後者の方式を活用して職員が首長から「指定代理人」に指定されることによって弁護士と同じ訴訟活動をすることができる。

2 自治体法務と自治体職員の法遵守

(1) 従来型法務と政策法務

政策法務の定着

自治体政策と自治体法務とはいわば目的と手段の関係にある。自治体は、市民福祉の増進のために地域の特性をいかした自治体政策を立案・決定・実施することを目的とし、その政策実現の手法・技術としての自治立法、自治解釈・運用などの自治体法務を手段としている。ところが、2000年分権改革以前の自治体法務では、自治体政策の観点が欠落していて、自治立法は貧弱なものであり、国法の解釈・運用は国・省庁に依存していた。これを「従来型法務」としておく。これに対して、2000年分権改革に先だって自治体法務を政策実現の手法・技術とした「政策法務」が提起され、おおくの研究・実践が積みかさねられてきた。政策法務は、2000年分権改革に一定の結実をみることができ、全国の自治体に定着してきている。

従来型法務と政策法務の違い
① 自治立法

従来型法務では、国法の規定をうけた条例の制定がほとんどで、議員立法はすくなく、議会審議も低調であり、条例案づくりでは条例の形式・技術面での審査事務（法制執務）が中心であった。これに対して、政策法務では、自治立法権を積極的に活用して、議員立法もふくめて自主的・政策的な条例の制定が行われ、国法の規定をうけた条例

であっても"付加価値"をつけた内容にし、条例案づくりでも政策面を重視している。

② 国法の解釈・運用

　従来型法務では、かつての通達・行政実例や解説書など国・省庁の

──経験・実践から①──　　「政策法務」の誕生

　あらたな自治体法務のあり方が論議されるようになったのは、1970年代に松下圭一法政大学名誉教授が国から自立した自治体法務の必要性を提起したことにはじまる。1980年代にはいると、自治体職員や研究者による自主グループにおいて自治体法務のあり方が議論・研究されるようになった。そのひとつの成果が1989年出版の当時自治体職員であった天野巡一・岡田行雄・加藤良重編著の『政策法務と自治体』(日本評論社)である。この著書ではじめて「政策法務」の名称が世にでた。この著書の出版に際しては、岡田さん(後に三鷹市教育長・三鷹市社会福祉協議会会長)の車1台にギュウギュウづめで乗りあわせ、浅間山麓のやすい宿舎で合宿を行い、議論するなかで、天野さん(後に、岩手県立大学・青森公立大学教授)の提案もあって、「政策法務」の名称にきまった。その時の情景がいまでも鮮明に思いうかぶ。この著書は、編著者を中心に発起した「自治体行政法研究会」のメンバーが『法律時報』に1986年10月から1988年7月まで連載した論稿に加筆・補正したものである。この研究会活動では、勤務時間終了後に都内の会場にあつまって、各メンバーがきめられたテーマについて発表し、議論して、それを各自がまとめて「法律時報」に掲載した。この間の活動は、メンバー各自にとっておおきな財産となった。

　1990年の第4回自治体学会・大阪大会(総会・研究会)においては、「政策法務と自治体運営」の分科会がもうけられ、松下圭一教授(当時)の司会・コーディネーターにより、上記研究会のメンバーもくわわって事例発表と討論が行われ、60人をこすフロアー参加者のなかからも活発な討論参加があった。以降、自治体学会分科会のテーマになっている。

解釈（公定解釈）に依存し、それらの資料の検索に力を注いできた。いわば自治解釈権の放棄である。これに対して、政策法務では、自治解釈権を積極的に活用し、自治体が主体的に国法の自治的な解釈・運用を行うことになる。ただし、立法に携わった国・省庁の解釈は参考となるものである。

③ 訴訟対応

　従来型法務では、訴訟への対応が消極的で、ほとんど弁護士まかせにしていた。また、自治体職員の役割は、証拠資料集めと法廷での傍聴・記録が主であった。これに対して、政策法務では、自治体が訴訟を積極的にうけて立ち、政策責任者として国法の解釈や条例などにもとづく政策の正当性を主張・立証していくことになる。また、指定代理人制度を活用して、職員を訴訟に直接参加させることも行われる。

④ 国法の制定・改廃

　従来型法務では、国法の制定・改廃について国への積極的な働きかけもすくなく、国の制定・改正まちであった。これに対して、政策法務では、国法の欠陥・不備などについて自治体側から積極的に制定・改廃を提起し、積極的に働きかけていくことになる（国法改革）。

(2) 自治体職員の法遵守

遵守する「法」の意味

　自治体は、職員の汚職など不祥事への対応策として、とくに2000年代にはいり、「法令遵守（じゅんしゅ）」や「自治体コンプライアンス」として体制の整備・強化をはかってきている。一方、民間企業では、食品偽装や調理器具・車両欠陥かくしなどの不祥事の頻発を契機に「企業コンプライアンス」が経営の要となっている。コンプライアンス（compliance）は、一般的に「法令遵守」と訳され、自治体でも同様に使用されている。だが、

「法令」は、通常、国レベルで制定される法（国法⇒法律・政令・府省令）をさすが、法には、自治体レベルで制定される法（自治体法⇒条例・規則）もある。法令に条例・規則をふくませる解釈をできるが、自治立法の存在を明確にしておきたい。本書では、この本来の意味の法とこれを補完し、法に準ずる規範形式をとる告示や規程、要綱などもふくめて「法」としておく。

―経験・実践から②― 保育料徴収を「規則」から「条例」に

　2000年分権改革にかけて、筆者がかかわった二つの条例制定が印象ぶかく記憶にのこっている。
　一つは、保育所保育料の徴収について、それまで「規則」によっていたものを「条例」化したことである。市町村は、児童福祉法にもとづいて、公立・認可保育所の保育に要する費用を支弁し、この保育費用を支弁した市町村の長は、本人・その扶養義務者から保育料を徴収することができる。保育料ついて、機関委任事務制度のもとでの国の解釈は、児童福祉法に直接の根拠をもつ「負担金」であって、その徴収は市町村長の権限であるから規則でさだめればよいとするものであった。これをうけて、ほとんどの市町村が規則でさだめている。筆者が勤務していた自治体も同様であったが、2000年度からの保育料の改定に際し、規則改正で済ますこともでき、異論もあったが、条例化することとした。条例化の論拠は、①保育の実施責任が市町村にあること、②保護者に保育料納付の義務を課すものであること、③多額な税財源がつかわれること、④自治体の重要事項は条例によるべきことであった。議会では、歓迎されたが、保育料値上げの審議での対応におおいに汗をかいた。その後、国は、保育料の徴収について条例によるか、規則によるかは市町村の判断によるとの解釈をしめしているが、現在でもおおくの市町村が規則によっている。

法「遵守」の意味

自治体職員の法「遵守」には、法による行政の原理にもとづく側面と公務員としての職員倫理にもとづく側面とがある。自治体職員には、この二側面にくわえてより根本的には自治体職員の地位から、本来、民間企業よりもきびしく法遵守が求められる。ところが、自治体には、制度上「倒産」がないので、自治体職員にも経営感覚が乏しくなりがちで、

---経験・実践から③--- 介護保険事務は「自治事務」なのに

条例制定の二つには、2000年度の介護保険法の施行にともなうものである。同法は、保険者である市区町村が保険料、法定給付の上乗せなどの11項目について条例でさだめることとしていた。当時の厚生労働省は、「何市(区、町、村)介護保険条例〈参考例〉」をしめしていたので、ほとんどの市区町村がほぼこの参考例にしたがった内容・題名の条例を制定した。しかし、高齢者の介護は、介護保険制度が重要な部分をしめるが、これだけで完結するものではないことから法定事項以外の事項についても盛りこんだ条例を制定することにした。たとえば、在宅生活支援事業や介護サービス苦情調整委員（通称「介護オンブズマン」）などいわば"付加価値"をつけた条例内容とし、題名も「介護福祉条例」として介護に関する総合的な条例として位置づけた。なお、いわゆる「介護オンブズマン」は、その後、独立の条例が制定され、「福祉サービス苦情調整委員」（福祉オンブズマン）へと拡充されている。

なお、介護保険の分野では、自治体側の求めもあって、今でも、条例の参考例がしめされ、法の解釈・運用についてはＱ＆Ａがだされ、自治体は、事実上これにしたがっている。介護保険の事務は、自治事務であり、これでよいのだろうか。

法遵守の意識も希薄になりやすい。これに対して、民間企業では、営利を目的に経営が行われるが、法違反行為があれば、その企業は市場で信用を失い、倒産を余儀なくされることにもなる。

　次に、「遵守」は、「したがい、まもる」という意味で、消極的な印象がもたれる。だが、自治体の仕事は、形式的に、既存の法に違反してさえいなければよいとする消極的なものではない。自治体の任務は、市民福祉を増進するために、条例・規則を制定し、法令を解釈・運用して、積極的に政策を展開・実現することである。したがって、政策の現実的な担い手である自治体職員の法遵守には、このような積極的な意味がふくまれている。その具体的な展開手法として「政策法務」がある。

　なお、本書では、「法遵守」に反する行為を「法違反行為」としているが、これには、法に違反する「違法・不法」、必ずしも法に違反していないが妥当性を欠く「不当」、いずれの意味もふくむ「不正・非行」などがある。

3　生活規範と法

(1) 個人規範と社会規範

　規範とは、人が判断や行動するときの基準となるものであり、人が規律ある生活をいとなんでいくための規範が生活規範である。この生活規範には、個々人の私生活における「個人規範」と人びとの共同生活における「社会規範」とがある。個人規範は、起床時間、洗面など個々人の自由な私的領域の自己規律であり、社会規範は、人びとが共同生活をいとなむ社会領域において必要な規律である。

　社会規範は、その起源、適用範囲、違反への制裁などによって、法、道徳、習俗、宗教などに分類される。法は、文書としての形式をそなえた成文法（制定法）とそれ以外の不文法（慣習法、判例法など）とに区分される。日本では、成文法主義をとっているが、慣習法をまったく否定してはいない。なお、法そのものでないが、法に準じるものとして、法を補完・補充する方式としての告示や行政の内部規範としての規程（訓令）、要綱などもある。それ以外に社会一般の良識や職業倫理として守ら

【生活規範の体系】

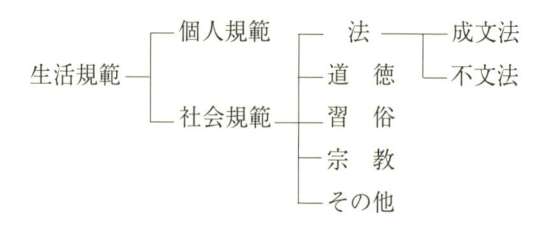

```
生活規範 ─┬─ 個人規範 ─┬─ 法 ─┬─ 成文法
         │            │      └─ 不文法
         └─ 社会規範 ─┼─ 道　徳
                      ├─ 習　俗
                      ├─ 宗　教
                      └─ その他
```

れるべきルールがある。

(2) 法の特徴・機能

法の特徴
　法は、社会規範の中心的なものであり、他の社会規範と比較して次のような特徴をもっている。
① 法は、自治体・国の公式の機構・機関によって制定される。公式な機構・機関とは、自治体においては、議会、首長などであり、国にあっては、国会・両議院、内閣・各省、裁判所などである。
② 法は、その違反者に対して、罰則を科し、強制執行をくわえることなどにより強制力をもっている。

法の機能
　法は、人びとの社会生活における共通ルールとして、次のような機能をもっている。
① 法は、人びとが物事の是非善悪を判断する基準となり、人びとの行為を規律する（行為規範機能）。
② 法は、人びとの間に紛争が起きた場合の解決の基準となり、裁判所における裁判の判断の拠りどころとなる（紛争解決機能・裁判規範機能）。
③ 法は、①②の機能を通じて人びとの共同生活の場における社会秩序の維持をはかる（秩序維持機能）。
④ 議会制定法である法律・条例によって、市民の権利を制限し、市民に義務を課すことができる（法規創造機能）。すなわち、法律・条例によらなければ市民の権利を制限し、市民に義務を課すこができない。
⑤ ④とも密接に関連するが、法律・条例によって、自治体の権限と財

源を創りだすことができる（権限財源創出機能）。すなわち、法律・条例に根拠がなければ、自治体は権限を行使できないし、また税、社会保険料、使用料などの財源を調達することができない。

成文法では、法の機能を通常次のように表現する。
① 「しなければならない。」とする〈義務規定〉
② 「してはならない。」とする〈禁止規定〉
③ 「努めなければならない。」とする〈努力義務規定〉
④ 「することができる。」とする〈権限規定〉

(3) 法の体系

法には、国内法と国際法（条約）とがある。国内法は、日本国内において制定される法で、これには、日本国憲法のもと、自治体において制定される自治体法と国において制定される国法とがある。

自治体法には、自治体議会の議決によって制定される条例と首長・行政委員会が制定する規則とがある。条例の「例」と規則の「規」をとって「例規」という。

国法には、日本国憲法、国会の議決によって制定される「法律」、憲法・法律を実施するために内閣が制定する「政令」および法律・政令を実施するために内閣総理大臣・各省大臣が制定する「府令・省令」がある。政令と府令・省令をあわせて「命令」といい、法律の「法」と命令の「令」をとって「法令」という。国法には、このほかに国会の両議院規則、最高裁判所規則などがあり、これをふくめて「法令」という場合もある。

国際法は、国際社会を規律する法であり、国内法をとおして間接的に市民を拘束する。条約のうち、国際社会のほとんどの国が加入する《普

遍条約》は、政策の国際水準をしめす内容をもっているので、国法に先行して条例化することも課題である。

　時代おくれになりがちな国法についても、制定・改廃が頻繁におこなわれるようになっているので、そのフォローも欠かせない。また、自治体では、条例も積極的に制定されるようになっているので注意しておきたい。

【法の体系】

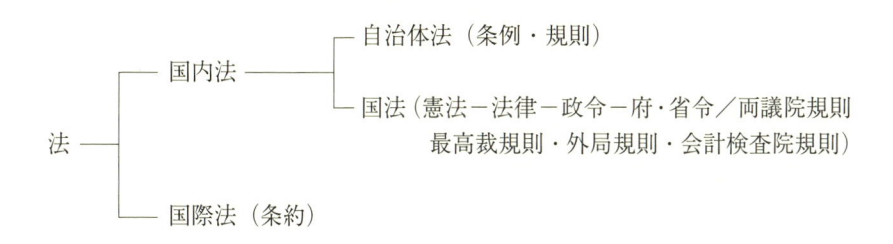

```
           ┌─ 国内法 ┬─ 自治体法（条例・規則）
           │        │
法 ────────┤        └─ 国法（憲法－法律－政令－府・省令／両議院規則
           │              最高裁規則・外局規則・会計検査院規則）
           │
           └─ 国際法（条約）
```

4　法による行政と職員倫理

(1) 自治体職員の法遵守

　自治体職員の法遵守については、憲法尊重擁護の義務（日本国憲法99条）、条例・法令等にもとづく事務の管理・執行の義務（地方自治法138条の2）および法令・条例等にしたがう義務（地方公務員法32条）などの法的義務としてさだめられている。
　この自治体職員の法遵守には、「法による行政」と公務員としての「職員倫理」の二側面がある。
　法による行政は、行政法の基本原理であり、職員倫理は、自治体職員の公務員としての職務からくる規範領域である。これが、民間企業における「法令遵守（コンプライアンス）」との基本的な相違点でもある。

【法遵守の二側面】

自治体職員の法遵守 ─┬─ 「法による行政」にもとづく法遵守
　　　　　　　　　　└─ 「職員倫理」にもとづく法遵守

(2) 法による行政の原理

法と行政

　自治体行政は、法にもとづき、法にしたがって行われなければならな

い。このことは、一般に、国法を中心に「行政は、法律に基づき、法律に従わなければならない」とし、「法律による行政の原理」（法治行政の原理）とよばれている。だが、自治体は、条例・規則を制定し、条例・規則にもとづき、条例・規則にしたがって行政を実施することができる。また、国法にも法律の形式以外に政・省令もある。そこで、「法律」に政・省令および条例・規則をふくませる広義の解釈もできるが、政・省令、とくに条例・規則をふくむことを明確にするため、「法による行政の原理」としておきたい。この原理の根底には、基本となる法（法律・条例）が民主的な手続すなわち市民を代表する議会の議決をへて制定され、しかもその内容が市民の権利・自由・平等の基本的人権を保障した「正しい法」でなければならないとする「法治主義」ないし「法の支配」の考え方がある。

法による行政の原理の内容

法による行政の原理は、議会制定法である法律および条例において次の２点で重要な内容をもっている。

① 市民の権利を制限し、市民に義務を課する定め（法規）は、法律・条例によらなければならない（法規創造力の原則）。この点については、地方自治法に「義務を課し、又は権利を制限するには、法令の定めがある場合を除くほか、条例によらなければならない。」（同法14条2項）と明文化している。

② 自治体がある事柄を行政として行うには、できる限りひろく法律・条例の根拠を必要とする（法律・条例の留保の原則）。この点に関して、従来の通説は個人の権利・自由の侵害にわたる場合にだけ法律の根拠を必要とするとしてきたが、できる限りひろく民主的な基盤をもつ法律・条例によるべきである。

(3) 職員倫理

　自治体職員には、公務員（公僕＝パブリックサーバント）として、きびしい倫理が求められる。倫理とは、「人として行うべきすじ道」の意味であり、人びとが社会生活においてしたがうべき規範のことである。公務員としての自治体職員は、首長の補助機関として、市民から信託をうけた行政を市民の信託財産というべき税をつかって行っている。自治体職員には、このような地位・職務からくる公私にわたって遵守されるべき倫理が存在する。これは、公務員としての「職員倫理」であり、すべての自治体職員が遵守すべきものであり、その主要な内容は、次の第2章においてのべる。
　職員倫理の重要なものは、法形式をとるが、規程、要綱などの法に準ずる形式をとる場合もおおい。

第 2 章

**自治体職員の倫理関連法違反行為には
どのようなものがあるか**

1 犯罪となる行為

(1) 罪刑法定主義

罪刑法定主義とは、どのような行為が犯罪となり、その犯罪にどのような刑罰が科されるかについて、あらかじめ成文の法律で明確にさだめておかなければならないとする原則である。これは、刑法の基本原則で、日本国憲法でも適正手続の保障 (同法31条) や事後法による処罰の禁止 (同法39条) などの条項により確認している。

また、この原則は、行政罰や損害賠償などの民事罰にも適用されると一般に解されている。

(2) 刑事犯と行政犯

犯罪 (「罪」と同じ) は、懲役、禁錮などの刑罰 (「刑」と同じ) を科せられる行為であり、これには、刑法上の犯罪と刑法以外の法律・条例にさだめられている犯罪とがある。刑法上の犯罪は、「自然犯」または「刑事犯」といわれ、行為自体が反社会性・反道徳性をもつ犯罪である。これに対して、刑法以外の法律・条例にさだめられている犯罪は、「法定犯」または「行政犯」といわれ、行為自体が反社会性・反道徳性をもつものでないが行政上の取り締まりの必要から法にさだめることによって犯罪とされるものである。これが通説的な見解であるが、両者の区別は、歴史的・相対的なものであって、「法定犯の自然犯化」として、法定犯 (行政犯) であったものが、社会通念の変化にともなって自然犯 (刑

事犯）として扱われるようになったものもある（脱税犯など）。

なお、刑法（刑法典）以外で、軽犯罪法、覚せい剤取締法などのように犯罪およびそれに対する刑罰をさだめる法律を「特別刑法」ともいう。

(3) 自治体職員と犯罪

犯罪は、法違反行為の最たるもので、自治体職員の場合は、一般市民とは異なる職務に関連する類型と一般市民と同様な私生活における類型とにわけられる。

「法の不知はこれを許さず」で、法を知らなかったからといって、罪をおかせば刑罰をまぬがれることはできない。また、犯罪は、ほんの一握りの人たちによるものであるとはいえ、だれもが犯しうるものである。自治体においては、一人の職員の犯罪であっても、その自治体全体の信頼・信用を傷つけることになる。したがって、自治体職員は、犯罪についてもひろく認識しておかなければならない。

なお、刑事訴訟法にもとづき、犯罪により害をこうむった者は、捜査機関に犯罪事実を申告し訴追を求めることができる（告訴）。公務員は、その職務を行うことにより犯罪があると思料するときは、捜査機関に犯罪事実を申告し訴追を求めなければならない（告発）。

2　職務関連の犯罪

(1) 刑法上の汚職犯罪

汚職の形態

　汚職とは、公職にある者が、その地位や職権を利用して収賄や個人の利益をはかる不正な行為をいい、私利私欲にからんで公職をけがす行為である。汚職の典型は、収賄罪であり、これは市民の信託に反する行為であり、市民の信頼・信用を根底からくつがえす行為である。その刑罰は、懲役刑であり、収受した賄賂は、没収またはその価額が追徴される。懲役刑を科せられれば、自治体職員の身分も失う。

　なお、収賄罪の賄賂とは、人の欲望をみたす一切の有形・無形の利益であり、金銭、物品に限らず、借金の返済、飲食物の供応、就職のあっ旋、無利子の金銭貸与などもふくまれる。

　また、うけた賄賂は、返還しても収賄になり、賄賂の要求・約束は、その行為自体が収賄となる。刑法上の汚職犯罪は次頁の表のとおりであるが、このうち業務上横領罪が最もおおく発生しており、収賄罪と詐欺罪がつづいている。また、競売等妨害罪は、後述の「官製談合」とも関連して発生している。

第2章　自治体職員の倫理関連法違反行為にはどのようなものがあるか

【刑法上の職務関連犯罪】

犯罪名	条文番号	犯罪の内容	刑　罰
① 単純収賄罪	197条1項前段	公務員が、その職務に関し、賄賂を収受・要求・約束したとき	5年以下の懲役
② 受託収賄罪	197条1項後段	公務員が、請託（一定の職務行為を行うよう依頼すること）をうけて、①の行為をしたとき	7年以下の懲役
③ 事前収賄罪	197条2項	公務員になろうとする者が、その担当すべき職務に関し、請託をうけて賄賂を収受・要求・約束し、公務員となったとき	5年以下の懲役
④ 第三者供賄罪	197条の2	公務員が、その職務に関し、請託をうけて、第三者に賄賂を供与させ、またはその供与の要求・約束したとき	5年以下の懲役
⑤ 加重収賄罪	197条の3第1・2項	公務員が、①から④までの罪を犯し、不正な行為をし、または相当な行為をしなかったときなど	1年以上の有期懲役
⑥ 事後収賄罪	197条の3第3項	公務員であった者が、その在職中に請託をうけて職務上不正な行為をし、または相当な行為をしなかったことに関し、賄賂を収受・要求・約束したとき	5年以下の懲役
⑦ あっせん収賄罪	197条の4	公務員が、請託をうけて、他の公務員に職務上不正の行為をさせるように、または相当の行為をさせないようにあっ旋すること、またはあっ旋したことの報酬として、賄賂を収受・要求・約束したとき	5年以下の懲役
贈 賄 罪	198条	収賄罪の①から⑦の罪の賄賂を供与・申込み・約束したとき	3年以下の懲役・250万円以下の罰金
公務員職権濫用罪	193条	公務員が、その職権を濫用して、人に義務のないことを行わせ、または権利の行使を妨害したとき	2年以下の懲役・禁錮
業務上横領罪	253条	業務上、自己の占有する他人の物を横領したとき	10年以下の懲役
詐欺罪	246条	人を欺いて、財物を交付させまたは財産上不法な利益を得・他人に得させたとき	10年以下の懲役
電子計算機使用詐欺罪	246条の2	人の事務処理に使用する電子計算機に虚偽の情報・不正な指令をあたえて財産権の得喪・変更にかかる不実の電磁的記録を	10年以下の懲役

		つくるなどして、財産上不法の利益を得・他人に得させたとき	
背任罪	247条	他人のために事務を処理する者が、自己・第三者の利益をはかり、または本人に損害をくわえる目的で、その任務に背く行為をし、本人に財産上の損害をくわえたとき	5年以下の懲役・50万円以下の罰金
競売等妨害罪	96条の3	偽計（人の判断を誤らせる術策）・威力を用いて、公の競売・入札の公正を害すべき行為をしたときなど	2年以下の懲役または250万円以下の罰金
公文書偽造・変造罪	155条1・2項	行使の目的で、公務所・公務員の印章・署名を使用して、公務所・公務員の作成すべき文書・図画を偽造・変造などしたとき	1年以上10年以下の懲役
公印偽造・不正使用罪	165条	行使の目的で、公務所・公務員の印章・署名を偽造・不正使用または偽造の印章・署名を使用したとき	3月以上5年以下の懲役

汚職事件の状況

　自治体における汚職事件は、その防止対策にもかかわらず、年度によって増減はあるものの、後をたつことなく発生している。

　自治体における汚職事件の状況については、「地方公務員の懲戒処分等の状況」（総務省報道資料）により、毎年12月下旬に総務省ホームページで公表されている（下表）。

【汚職事件の発覚件数、団体数および関係職員数の推移】

年　度	2000	2001	2002	2003	2004	2005	2006	2007	2008	2009
件　数	139	146	147	136	125	140	159	143	156	123
団体数	125	110	118	110	94	108	125	123	130	103
関係職員数	175	178	163	171	142	148	191	146	164	135

注：
1　「平成21年度における地方公務員の懲戒処分等の状況」（総務省報道資料）による。次表も同じ。
2　団体には、都道府県・市町村・一部事務組合・公社等がふくまれる。
3　関係職員数には、首長・議員などの特別職および一般職の地方公務員がふくまれる。

第2章　自治体職員の倫理関連法違反行為にはどのようなものがあるか

【2009年度汚職事件の種類別内訳】

区分	横領	収賄	詐欺	背任	職権濫用	公文書偽造	公印偽造	その他	計
件数	79	18	8	1	1	1	1	14	123
割合	64.2%	14.6%	6.5%	0.8%	0.8%	0.8%	0.8%	11.4%	100.0%

汚職事件の発生の背景

汚職事件の発生の背景・要因として、従来から次のようなことが指摘されている。これらの背景・要因の根本には、職員の地位・役割への自覚の欠如、公金に対するの認識の甘さなどがある。

① 組織・制度上の背景・要因

　　上司の部下への指導・監督の不十分さ、特定職員への実質的な権限や事務の集中、長期間にわたり同一職場に留まる人事の停滞など

② 職務遂行上の背景・要因

　　業務・事務処理のチェックの不備・甘さ、現金など会計管理の不備、公印などの管理の不備など

③ 職員の資質の問題

　　多額な借金、不相応な遊び、派手な生活、業者との癒着など

(2) 個別法律上の犯罪

　自治体職員は、その職務に関連する個別法における犯罪についても認識しておかなければならない。主なものは、次頁の表のとおりであるが、いずれの場合にもその防止のために緊張感をもって厳正に業務の遂行にあたらなければならない。

(3) 条例上の犯罪

　全国すべての自治体（市区町村・都道府県）が制定している個人情報保

【個別法上の職務関連犯罪】

犯罪名	根拠法	犯罪の内容	刑罰
守秘義務違反行為	地公法34条・60条2号	職員が、職務上知り得た秘密を漏らしたとき。任命権者の許可なしに証人などになり職務上の秘密事項を発表したとき	1年以下の懲役・3万円以下の罰金
入札等の公正を害すべき行為（官製談合）	入札談合等関与行為防止法8条	職員が、その属する自治体の入札・契約締結に関し、その職務に反して、事業者などに談合を唆し、入札に関する秘密を教示し、その他の方法により入札などの公正を害すべき行為を行ったとき	5年以下の懲役・250万円以下の罰金
不正アクセス行為	不正アクセス禁止法3条1項・8条1号	アクセス制御機能をもつ電子計算機に、電気通信回線を通じて、他人の識別符合に入力して、アクセス制御機能を作動させて、制限されている機能を利用可能な状態にさせたとき	1年以下の懲役・50万円以下の罰金

注：根拠法の法律名は略称・通称で、正式な題名は次のとおり。●地公法⇒「地方公務員法」　●入札談合等関与行為防止法⇒「入札談合等関与行為の排除及び防止並びに職員による入札等の公正を害すべき行為の処罰に関する法律」　●不正アクセス禁止法⇒「不正アクセス行為の禁止等に関する法律」

護条例には、実施機関（首長、行政委員会、議会など）の職員などに次のような行為があったとき、懲役または罰金を科する規定をもうけている。

① 正当な理由がないのに、個人の秘密に属する事項が記録されている情報の集合物で、特定の個人情報について電子計算機を用いて検索することができるように体系的に構成したものを提供したとき。

② 業務に関して知り得た保有個人情報を自己もしくは第三者の不正な利益をはかる目的で提供し、または盗用したとき

③ 職権を濫用して、専らその職務の用以外の用に供する目的で個人の秘密に属する事項が記録された文書・図画・写真・フィルム・電磁的記録を収集したとき

なお、刑罰規定はないが、個人情報のデータ（USBメモリーなど）の外部持ち出しによって、紛失・盗難などが多発しており、個人情報の重要性の再確認と適正管理の徹底がはかられなければならない。

3　私生活における犯罪

(1)　刑法上の犯罪

　自治体職員の私生活における犯罪であっても、懲戒処分の対象となり、禁錮以上の刑罰を科せられれば職員としての身分を失う。主なものは次頁の表のとおりであるが、なかでも、交通事故については、被害者・その家族に甚大な損害をあたえるとともに、事故をおこした本人の生活も破壊するなどの悲惨な結果をまねく。とくに、飲酒運転については、刑法の危険運転致死傷罪とともに、道路交通法にもいくつかの形態で重い刑罰規定がもうけられている。
　なお、軽犯罪法は、軽微な秩序違反行為として、騒音、虚偽申告、乞食、覗きなど33の行為を罪とし、拘留・科料を罰としてさだめている。これにも留意しておきたい。

(2)　個別法上の犯罪

　私生活における犯罪は、刑法以外の個別法においてもさだめられている。これらの犯罪行為についても、信用失墜行為などの理由で、懲戒処分の対象となる。主なものは、36頁の表のとおりである。私生活における犯罪では、自動車運転の事故で、なかでも酒気帯び運転・酒酔い運転によってひき起こされる事件がおおく、自治体でも飲酒運転の職員を懲戒免職にするなどきびしく対処するようになっている。飲酒運転については、運転者以外に車両の提供、酒類の提供、同乗者にも懲役・罰金刑

第2章　自治体職員の倫理関連法違反行為にはどのようなものがあるか

【刑法上の私生活における犯罪】

犯罪名	条文番号	犯罪の内容	刑　罰
傷害罪	204条	人の身体を傷害したとき	15年以下の懲役・50万円以下の罰金
暴行罪	208条	人に傷害するにいたらない暴行をくわえたとき	2年以下の懲役・30万円以下の罰金・拘留・科料
危険運転致死傷罪	208条の2	アルコール・薬物の影響により正常な運転が困難な状態で自動車を走行させて、①人を負傷させ、②死亡させたとき	①15年以下の懲役 ②1年以上の有期懲役
窃盗罪	235条	他人の財物を窃取したとき	10年以下の懲役・50万円以下の罰金
強盗罪	236条	暴行・脅迫を用いて、他人の財物を強取し、または財産上不法の利益を得・他人に得させたとき	5年以上の有期懲役
恐喝罪	249条	人を恐喝し、財物を交付させ、または財産上不法の利益を得・他人に得させたとき	10年以下の懲役
横領罪	252条	自己の占有する他人の物を横領したとき	5年以下の懲役
器物損壊罪	261条	文書・電磁的記録・建造物・艦船以外の他人の物を損壊・傷害したとき	3年以下の懲役・30万円以下の罰金・科料

が科される。飲酒の弊害は、行動面において人としての理性の働きをにぶらせることである。筆者も飲酒により失態を演じたはずかしい記憶がのこっているが、身近においても、まじめで優秀な職員が飲酒による行為で器物損壊や選挙ポスターをはがして逮捕されたケースがある。犯罪は、「出来心」や「魔が差した」ですまされないし、「酒に酔って覚えていない」という常套句もゆるされない。飲酒にともなう禁止行為については、つねに注意を喚起しておきたい。また、人間としての人格を否定するような子どもに対する犯罪や人間の精神・身体をボロボロにする薬物の乱用はゼッタイにゆるされるものでない。薬物関連では、ほかに大

麻取締法やあへん法があるので留意しておきたい。

【個別法上の私生活における犯罪】

犯罪名	根拠法	犯罪の内容	刑罰
無免許・酒気おび・酒酔い運転など	道路交通法	無免許で自動車・原動機付き自転車を運転したとき	1年以下の懲役・30万円以下の罰金
		酒気帯び運転、酒気帯び運転者に車両を提供とき	3年以下の懲役・50万円以下の罰金
		酒酔い運転、酒酔い運転者に車両を提供したとき	5年以下の懲役・100万円以下の罰金
		酒酔い運転者に酒類を提供、酒酔い運転車両に同乗などしたとき	3年以下の懲役・50万円以下の罰金
児童に淫行をさせる行為	児童福祉法	児童に淫行（みだらな行い）をさせる行為をしたとき	10年以下の懲役・300万円以下の罰金
児童買春	児童ポルノ禁止法	児童買春をしたとき	5年以下の懲役・300万円以下の罰金
ポルノ提供など		児童ポルノの提供・所持・電磁的記録の保管などをしたとき	3年以下の懲役・300万円以下の罰金
保護命令違反行為	DV防止法	接近禁止命令・退去命令などの保護命令に違反したとき	1年以下の懲役・100万円以下の罰金
ストーカー行為	ストーカー規制法	同一の者に対し、つきまとい、待ち伏せ、押しかけなどの「つきまい等」を反復して行ったとき（ストーカー行為）	6か月以下の懲役・50万円以下の罰金
酩酊による迷惑行為	酔っぱらい防止法	酩酊者が公共の場所・乗物において公衆に迷惑をかけるような著しく粗野・乱暴な言動をしたとき	拘留・科料
廃棄物の投棄・焼却・処理	廃棄物処理法	みだりに廃棄物をすて、法定以外の方法による廃棄物の焼却などをしたとき	5年以下の懲役・1000万円以下の罰金
選挙の自由妨害行為	公職選挙法	選挙に関し、公職の候補者・選挙運動者などへ暴行・威力をくわえたとき、演説を妨害し、文書図画を毀棄したときなど	4年以下の懲役・禁錮・100万円以下の罰金
覚せい剤の所持・使用等	覚せい剤取締法	覚せい剤をみだりに、所持し、譲り渡し、または譲り受けたとき。同法に規定する場合以外で覚せい剤を使用したとき	10年以下の懲役

麻薬の製剤・所持等	麻薬及び向精神薬取締法	ヘロインをみだりに、製剤し、譲り渡し、譲り受け、所持し、施用などしたとき	10年以下の懲役
		ヘロイン以外の麻薬（コカインなど）を製剤し、譲り渡し、譲り受け、所持し、施用などしたとき	7年以下の懲役

注：根拠法の法律名で略称・通称の正式な題名は、次のとおり。　●ＤＶ防止法⇒「配偶者からの暴力の防止及び被害者の保護に関する法律」　●ストーカー規制法⇒「ストーカー行為等の規制等に関する法律」　●児童ポルノ禁止法⇒「児童買春、児童ポルノに係る行為等の処罰及び児童の保護等に関する法律」　●酔っぱらい防止法⇒「酒に酔って公衆に迷惑をかける行為の防止等に関する法律」　●廃棄物処理法⇒「廃棄物の処理及び清掃に関する法律」

(3) 条例上の犯罪

全都道府県および一部市町村では、いわゆる迷惑防止条例として、「公衆に著しく迷惑をかける行為の防止に関する条例」などの題名の条例を制定し、痴漢行為、つきまとい行為、ピンクビラ配付行為、押し売り行為、盗撮行為、のぞき行為などを禁止し、その違反者に対して懲役または罰金を科することとしている。

また、46都道府県では、「青少年保護育成条例」を制定して、みだらな性行為やわいせつな行為などを禁止し、その違反者に対して懲役または罰金を科することとしている。

この二つの条例違反の事件も多発しており、注意しておきたい。

自治体によっては、条例により、ポイ捨て・歩きタバコなどを禁止し、その違反者に対して過料のほかに刑罰を科している場合がある。たとえば、「安全で快適な千代田区の生活環境の整備に関する条例」では、「環境美化・浄化推進モデル地区」でのタバコ吸殻のポイ捨てについて5万円以下の罰金に処する規定をもうけている。

4　不正経理

(1)　不正経理の方法

不正経理（不適正経理）は、需用費、賃金、旅費などの費目において行われ、なかでも需要費がおおい。需用費は、消耗品費（事務用品など物品購入の経費）、燃料費、印刷製本費、光熱水費など事務を行う上で必要な経費である。不正経理では、次のような方法がとられているが、いずれも手続面で合法性をよそおった違法・脱法行為である。
① 　物品を架空発注して代金を業者に保管させる〈預け金〉
② 　発注した物品と異なる物品を納入させる〈差し替え〉
③ 　代金を払わずに物品を納入させ、後で別の名目でまとめて買う〈一括払い〉
④ 　年度内の物品調達をよそおい翌年度に納入させる〈翌年度納入〉
⑤ 　前年度の物品調達について現年度の調達をよそおう〈前年度納入〉
　このほかに、国庫補助事業にかかる事務費などについては補助対象外の経費への支出がある。また、預け金は、「裏金」あるいは「プール金」として、かつては「官官接待」にあてられたこともある。旅費は、実際には出張していない「カラ出張」があり、賃金では、人数の水増しなどの「架空請求」などもある。

(2)　不正経理の実態

不正経理については、そのおおくが長年にわたって慣行的に行われて

きており、情報公開制度や住民監査請求・住民訴訟などによって、その実態が公にされるようになってきた。その実態の一部について、会計検査院の「都道府県及び政令指定都市における国庫補助事業に係る事務費等の不適正な経理処理等の事態、発生の背景及び再発防止策についての報告書」（2010年12月）からみておきたい。それによれば、65都道府県市における国庫補助事務費等にかかる不適正な経理処理等（2001年度〜2008年度）で、需用費（不適正な経理処理および補助の対象外）25億8,650万5千円、賃金（補助の対象外）12億7,909万4千円、旅費（補助の対象外）14億2,338万5千円の合計で52億8,898万5千円となっている。この金額自体も多額であるが、これは監査対象の自治体数からみても不正経理のほんの一部にすぎない。ある県の調査によれば、職員の4人に1人が不正経理になんらかの形で関与していた（2008年10月・読売）。

(3) 不正経理の発生原因

これらの不正経理の発生原因として、同報告書では次の事項があげられている。
① 公金の取り扱いの重要性に対する認識が欠如していたこと。
② 補助金等を使い切らなければならないという意識が会計法令を遵守する意識より優先していたこと。
③ 検収事務が形骸化し、会計事務手続きに問題がありながら内部統制が機能していなかったこと。
同報告書の所見を、次に引用しておく。

「職員に対する基本的な会計法令等の遵守に関する研修指導の徹底、契約及び検収事務の厳格化、予算の計画的な執行の励行、会計事務手続における職務の分担による相互けん制機能の強化等を推進するとと

もにその執行状況を適切に把握することが重要である。会計監査については、物品の納入業者の協力を得て、聞き取りを行ったり、帳簿を取り寄せて納入物品、納入日付等の突き合わせを行ったりするなどの手法を採り入れた監査の実施を検討することが望まれる。また、内部監査、監査委員監査、外部監査が連携を図り、会計機関における内部統制が十分機能しているかについて継続的に監視評価を行うとともに、不適正な経理処理に係る再発防止策が有効に機能しているかなど

―経験・実践から④― 「官官接待」当たり前の時代もあった

　高齢福祉課に配属当時、会計検査院の会計検査で、特別養護老人ホーム入所者に対する老人保護費国庫負担金に関し、不適正な事務処理が明らかになった。当時は、介護保険制度導入前の「措置」の時代で、特別養護老人ホーム入所の必要経費については、入所者本人・その扶養義務者がその収入に応じて負担し、その残額を老人保護措置費として自治体と国がそれぞれ2分の1を負担していた。ところが、会計検査院の検査で、数人の入所者について本人・扶養義務者の負担分が過少に計算され、その結果、国庫負担金および自治体負担分が過大になっていたことが判明した。そこで、国庫負担金の超過分については国庫に返還し、本人・扶養義務者からは追加徴収を行うこととなった。このケースは、入所者・扶養義務者の収入を正確に把握できなかった事務的なミスによるものであったが、このような不適切な事務処理は、単独の担当者任せでチェック機能が働かなかったことがおおきな原因であった。

　また、時代をさかのぼるが、1960年代に国庫補助金に関して会計検査院の検査をうけたことがある。事前に綿密なスケジュールをきめておき、検査の当日、検査官を近くの駅まで車で迎えに行き、検査終了後には食事接待をして、帰りには手土産を持たせた。当時、このような「官官接待」は当たり前のこととされていた。

についても検証を行うなどし、もって会計監査の強化・充実を図ることが望まれる。」

なお、不正経理の背景には、国の補助金制度や単年度予算にもとづく会計制度の問題もある。

5　服務規律違反

(1)　地公法の服務規律違反

地公法（地方公務員法）は、9か条にわたり自治体職員の服務規律に関して、根本基準、四つの義務、二つの禁止および三つの制限についてさだめている（次頁表）。このうち、制限規定については、日本国憲法が保障する職員の一市民としての表現の自由（同法21条1項）、職業選択の自由（同法22条1項）、労働基本権（同法28条）などの基本的人権にかかわるものであり、その運用は慎重でなければならない。なお、守秘義務違反については、市民のプライバシー権の侵害になることから違反者に対して1年以下の懲役または3万円以下の罰金に処することとしている。

(2)　条例等の服務規律違反

自治体では、独自に条例、規則または規程（訓令）で、服務原則、遵守事項、身分証明書所持、名札着用、休暇承認、欠勤処理など職員の服務に関してさだめている。また、規程（訓令）の形式により文書や公印の取り扱いにあたっての遵守事項をさだめている。

最近、「自治基本条例」を制定する自治体がふえているが、この条例は、自治体の最高規範に位置づけられている。そこで、地方公務員法31条にもとづく「服務の宣誓に関する条例」にさだめる宣誓文には、三鷹市のように「日本国憲法の尊重」にあわせて「自治基本条例の尊重」もふくめるべきであろう。

また、営利企業等への従事制限については、規則で許可の基準・手続

【地方公務員法上の服務規定】

服務区分		条文番号	内容
服務の根本基準		30条	職員は、全体の奉仕者として公共の利益のために勤務し、かつ、職務の遂行にあたっては全力をあげてこれに専念しなければならない。
義務「しなければならない。」	服務の宣誓義務	31条	職員は、条例の定めるところにより、服務の宣誓をしなければならない。
	法令・条例等遵守義務	32条前段	職員は、職務の遂行にあたって、法令および条例・規則・規程にしたがわなければならない。
	上司の命令にしたがう義務	32条後段	職員は、上司の職務上の命令に忠実にしたがわなければならない。
	職務専念義務	35条	職員は、法律・条例に特別の定めがある場合を除き、その勤務時間・職務上の注意力のすべてをその職責遂行のために用い、その自治体が責任をもつ職務にのみ従事しなければならない。
禁止「してはならない。」	信用失墜行為の禁止	33条	職員は、その職の信用を傷つけ、または職員の職全体の不名誉となるような行為をしてはならない。
	秘密を漏らす行為の禁止（守秘義務）	34条	職員は、職務上知り得た秘密を漏らしてはならない（退職後も同様）。また、法令による証人等となり職務上の秘密に属する事項を発表する場合においては任命権者の許可をうけなければならない。
制限 一定の行為を「してはならない。」	政治的行為の制限	36条	職員は、政治的団体に関して、結成の関与・役員・勧誘運動などしてはならない。また、職員が勤務する自治体の区域内で、公の選挙・投票において選挙運動や署名活動などの政治的行為をしてはならない。
	労働基本権の制限	37条	職員は、争議行為や怠業行為をしてはならない。また、何人もこのような違法行為を企て、遂行を共謀・そそのかし・あおってはならない。
	営利企業等への従事制限	38条	職員は、任命権者の許可なしに、営利目的の会社・団体の役員などを兼ね、または営利目的の私企業を営み、報酬を得ていかなる事業・事務にも従事してはならない。

―経験・実践から⑤― **自治体職員の「表現の自由」**

　1998年に当社から『自治体も「倒産」する―小金井市・自主再建への道を探る―』という拙著のブックレットを出版した。この本は全国的にも反響をよび、新聞・テレビの取材もうけた。このブックレットが書店に並んだとき、開会中の議会の委員会でＡ議員から所管事項として質問があった。これは、職務専念義務の服務に関連することであるので、当時の議事録を抜粋して、紹介しておく。

Ａ議員：先般、新聞でも大きく報道されましたが12月10日「財政悪化の小金井市幹部が分析本を出版　自治体も倒産する　人件費中心に再建策紹介」という大きな記事が掲載されました。…（略）…、ちょっと参考までにお伺いしたいのですが、この本は個人の資格で書かれたものかということ。それから本の中に小金井市の福祉保健部長であるという職名が著者略歴などの項も含めて出てくるということ。それから新聞へのインタビューに関しては執務時間中にお受けになられたかどうかということ。

加藤：私の名前がでてまいりましたので、まず私、これまでも10数年来、何冊か他人と共著で本を出しております。他の自治体職員も職名を載せているケースがほとんどでございます。そういうことで、従来の慣例に沿って載せてあります。ただ配慮した点は、いろいろ肩書きの記載の仕方があるんですね。例えば、私の場合小金井市福祉保健部長加藤云々という場合と、それから名前を書いた後ろに括弧で書く場合、それから最後の奥付の方に職名を書くということですが、私は少なくとも本の表紙にはこれを書かないという配慮をしたつもりでございます。それで、奥付の方に職名が入ってございます。それから新聞記者からの取材を受けました。若干、5時ちょっと前の時間も入っているかと思いますが、ほとんどの時間が5時過ぎでございます。

Ｂ議員：（Ａ議員）の件の一点目については、僕はちょっと取り消されたほうがいいだろうなと思っているんです。やはり表現の自由からすると、ちょっと踏込みすぎかなと。いくら公的立場の人であっても、表現の自由はあるはずだから、そのタイトルまで云々するというのは私どもの基本的な人権を含めて、ちょっと踏込みすぎだと僕は思っているんです。

を明確にさだめ、その厳正な適用が求められる。

―経験・実践から⑥― **自治体職員の組合活動**

　時代は遡るが、1970年代に職員組合の執行委員として6年間にわたり組合活動をした。当時は、労働運動の政治への影響力も非常につよく、また、市民活動も盛んになり、自治体では革新首長が次々に誕生した。そのような時代背景があったが、当時、筆者は、次の四つの制度と現実との違いに疑問をもちながら組合活動をしていた。①地方公務員法で禁止されている争議行為（ストライキ）が時間内集会などの名目で現実に行われていたこと。②勤務時間内に執行委員会や機関紙づくりなどの組合活動（いわゆるヤミ専従）が行われていたこと。③団体交渉対象外の「管理運営事項」が実質的に骨抜きにされて行政運営に影響をあたえていたこと。④公職選挙で特定の政党・候補者の選挙活動をしていたこと。これらはいずれも自治体職員の服務規律に関することでもあり、たびたび議会などで問題視されていた。筆者自身は、担当の業務をやりきったうえで勤務時間外に組合活動をするようにつとめ、機関紙づくりなどで帰宅が終電車になったこともしばしばあった。こんななかで、日中平和条約調印前年の1977年に都段階の組合組織で企画された2週間の訪中団に参加し、当時の中国の実情を垣間みる機会もあった。組合活動をとおして、おおくのことを学び、その後の仕事に生かすことができたと思っている。今でも、管理運営事項であっても職員の勤務条件の維持改善にかかわりをもつ内容のものについては、団体交渉の対象とせざるをえないものと考えている。だが、行政運営に関する内容については市民にもっとオープンにすべきではないか。

6　職場環境の悪化行為

(1)　セクハラ・パワハラ

　自治体職場では、職員がお互いの人格を最大限に尊重し、各自がその能力を十分に発揮できる環境づくりに努めなければならない。これは、自治体職員がよい仕事をする前提条件である。職場環境を悪化させる行為の典型は、セクシャル・ハラスメント（セクハラ）である。セクハラは、性的嫌がらせで、他の職員などに対する不適切・不当な性的言動によって、相手方に不利益または不快をあたえる行為である。これは、相手方に精神的・身体的損害をあたえ、人格権侵害の不法行為として損害賠償の対象となり、訴訟事件となっているケースもおおい。男女雇用機会均等法では、事業主に対し、セクハラについての相談や適切な対応に必要な体制の整備など雇用管理上必要な措置をしなければならないとしている（同法11条）。

　パワー・ハラスメント（パワハラ）は、職場における地位・立場を利用して、相手方に対する不適切・不当な言動による嫌がらせである。これも、相手方に不利益や精神的・身体的損害をあたえ、人格権を侵害する不法行為として損害賠償の対象となる。

(2)　自治体職員の健康阻害

　(1)とも関連して、仕事からくる肉体的疲労や精神的ストレスにもとづく自治体職員の疾病がおおくなっている。とくに、うつ病などのメンタ

ル面で問題をかかえている職員がふえている。さらに、過労死や過労自殺にいたる悲惨なケースもでている。職員各自による健康管理が基本であるが、雇用者としての自治体は、職員の健康管理の責任もおっている。

　職員の健康阻害の状況についてくわしい統計は見あたらないので、参考までに分限処分と公務災害の認定でみておく。まず、2009年度の自治体職員の分限処分についてみると、事由別では「心身の故障の場合」が23,615人（全体の94.5％）で最もおおくなっている（総務省「平成21年度における地方公務員の懲戒処分等の状況」）。次に、2007年度の自治体常勤職員の公務災害についてみると、死亡事案にかかる認定が46件で、保障の種類別の給付では、療養保障が34,223件（全体の86.8％）で最もおおい（地方公務員災害補償基金「平成19年度常勤地方公務員災害補償統計」）。

7　行政の不作為

　近年になって、「行政の不作為」責任がきびしく問われるようになってきている。

　行政の不作為とは、自治体・国が法にさだめる行政権限の行使を適切に行わなかったことをいい、これによって他人に損害を生じさせた場合に問題となる。

　行政の不作為については、かつては問題となることがすくなかったが、最近では訴訟事件になり、自治体・国の責任をみとめる判決や訴訟上の和解により解決することもおおくなっている（例⇒水俣病訴訟、エイズ訴訟、アスベスト訴訟、スモン訴訟、カネミ油症訴訟など）。自治体職員にとって身近な事例で不作為責任をみとめた裁判例を次に紹介しておく。

　身体障害者の長女を介護する男性が、介護者も鉄道・バス運賃が半額になる制度の説明をうけなかったため、余計な運賃を支払ったとして、志木市に約1万円の賠償を求めて訴訟を提起した。第一審のさいたま簡易裁判所は、志木市に全額支払いを命じたが、第二審のさいたま地方裁判所は「介護者の割引は付随的制度に過ぎず、自治体の説明義務を定めた法令は見当たらない」として男性の請求を棄却した。これに対して、東京高裁は「障害者にとって移動の自由の保障は大きな意義があり、介護者の割引を付随的制度と過少評価するのは相当でない」「自治体には、介護者の割引制度も説明する義務がある」と認めて、二審判決を取り消し、審理を差し戻した。差戻し審のさいたま地方裁判所では、「割引制度について充分な説明を行っておらず、情報

提供義務を果たしていなかった」と指摘し、志木市に1万316円の支払いを命じた（2010年8月25日判決）。

第 3 章

自治体職員の法違反行為に対して どのような制裁が科されるか

1　法違反行為に対する制裁

　自治体職員の法違反行為に対しては、一定の制裁が科せられる。制裁には、過去の行為をつぐなわせる意義と将来をいましめる意義（教育的効果）とがある。
　この制裁は、おおむね下図のように分類できるが、それぞれ性質や手続を異にしている。刑罰条文の配置では、刑事罰が犯罪となる行為とそれに対する刑罰とを同一条文におき、行政罰が本体的部分に義務規定・禁止規定をおき、後半部分にその「罰則」として別立ての条文をおくのが一般的である。

【制裁の分類】

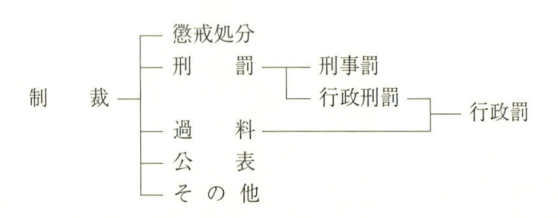

```
                ┌ 懲戒処分
                │ 刑　　罰 ┬ 刑事罰
制　裁 ─────────┤          └ 行政刑罰 ┐
                │ 過　　料 ─────────────┤ 行政罰
                │ 公　　表
                └ その他
```

2 懲戒処分

(1) 懲戒処分の種類・事由

　懲戒処分は、自治体職員の法違反行為に対して道義的責任を問うもので、任命権者が制裁として科する不利益処分である。なお、同じ不利益処分である分限処分は、病気などの事由によりその職務を十分にはたすことができない場合などに行われ、道義的責任を問うものではない。

懲戒処分の種類
　懲戒処分には、次の四つがある（地方公務員法29条1項）。
① 職員の責任を確認し、その将来をいましめる〈戒告〉
② 一定期間、職員の給与の一定割合を減額して支給する〈減給〉
③ 一定期間、職員を職務に従事させない〈停職〉
④ 職員としての身分を失わせる〈免職〉

懲戒処分の事由
　任命権者は、自治体職員が次のいずれかに該当する場合において懲戒処分にすることができる（地方公務員法29条1項）。
① 地方公務員法・その特例を定める法律またはこの法律にもとづく条例・規則・規程に違反した場合
② 職務上の義務に違反し、または職務を怠った場合
③ 全体の奉仕者たるにふさわしくない非行のあった場合

(2) 懲戒処分の手続

懲戒処分は、任命権者の裁量的判断によって行われるが、その手続は公正で、その効果が明確でなければならない。そのため、懲戒処分の手続および効果は、法律に定めがあるほか、条例でさだめなければならない（地方公務員法29条4項）。これをうけて、自治体は、おおむね次のような内容の「職員の懲戒の手続及び効果に関する条例」を制定・運用している。また、通常、任命権者は、懲戒処分にあたり、その公正を期すために内部の審査委員会に諮問し、その審査・答申の手続をとっている。

① 懲戒処分は、その旨を記載した文書を職員に交付して行わなければならない。
② 減給は、1日以上6月以下の範囲で、給料・地域手当の月額合計額の10分の1以下を減ずる。
③ 停職の期間は、1日以上6月以下とする。停職者は、その職を保有するが職務に従事せず、その期間中いかなる給与も支給されない。

(3) 懲戒処分の状況

懲戒処分をうけた自治体職員は、毎年、一定数で推移している。自治体における懲戒処分の状況については、前述の「地方公務員の懲戒処分等の状況」（総務省報道資料）により公表されている（次頁の表）。

(4) 事実上の処分

自治体職員に軽微な法違反行為があった場合には、これに対して、「訓

【懲戒処分者数の推移】

（単位：人）

年　度	免　職	停　職	減　給	戒　告	合　計
2009	515	761	1,880	2,827	5,983
2008	565	907	1,933	2,251	5,656
2007	581	2,509	2,028	15,208	20,326
2006	629	1,070	2,571	3,321	7,591
2005	477	1,020	1,840	2,509	5,846
2004	441	948	2,166	2,453	6,008
2003	492	1,042	2,153	2,595	6,282
2002	468	1,092	2,163	2,560	6,283
2001	359	963	2,247	2,622	6,191
2000	394	864	2,205	2,371	5,834

注：①「平成21年度における地方公務員の懲戒処分等の状況」（総務省報道資料）による。次表も同じ。②2以上の事由による懲戒処分は、主たる事由により計上している。

【2009年度懲戒処分者数の状況（種類別・行為別）】

区　分	免　職	停　職	減　給	戒　告	合　計
給与・任用関係（受験採用の際の虚偽行為等）	5	13	13	15	46
	(6)	(23)	(31)	(26)	(86)
一般服務関係（勤務態度不良・職務命令違反等）	96	298	940	880	2,214
	(98)	(401)	(878)	(812)	(2,189)
一般非行関係（傷害・暴行・金銭関係の非行等）	217	237	162	63	679
	(200)	(252)	(232)	(88)	(772)
収賄等関係（収賄・横領等）	98	16	3	1	118
	(131)	(17)	(11)	(4)	(163)
道交法違反	99	189	277	698	1,263
	(130)	(175)	(339)	(723)	(1,367)
違法な職員組合活動	0	4	160	12	176
	(0)	(26)	(1)	(23)	(50)
監督責任	0	4	325	1,158	1,487
	(0)	(13)	(441)	(575)	(1,029)
合計	515	761	1,880	2,827	5,983
	(565)	(907)	(1,933)	(2,251)	(5,656)

注：①（　）内の数字は、前年度の人数をしめす。②2以上の事由による懲戒処分は、主たる事由により計上している。

告」、「訓戒」、「厳重注意」などが行われる。これは、懲戒処分にはあたらないが、懲戒処分に準ずる事実上の処分である。任命権者は、懲戒処分にすべき法違反行為に対して、"温情"などにより、事実上の処分とすることに慎重でなければならない。

―経験・実践から⑦― 監督責任を問われ「文書訓告」

　筆者は、老人保護費国庫負担金の不適切な事務処理（経験・実践から③）および個人情報保護条例に違反した事務処理（経験・実践から⑨）の監督責任を問われて2回の文書訓告をうけている。訓告の内容は、「職員を監督する立場にある管理職として、はなはだ遺憾なことである。よって、今後かかることのないよう、将来を戒めるため訓告する。」というものであった。また、納税課に配属当時、議会において市税の滞納処分に不公平があるのではないかとの質問をうけ、適切に対応するとの答弁をしたが、質問議員からは対応状況を後日、議会の担当委員会に報告するよう求められていた。ところが、滞納処分にむけて対応はしたものの、その後の議会において報告していないということで改めて報告を求められ、報告を怠った責任を追及された。これに対して、陳謝して、対応状況の報告をしたが、議会への報告を怠っていた責任を明らかにするために任命権者からは口頭による「厳重注意」をうけた。

3 刑罰

(1) 刑事罰と行政刑罰

刑罰は、犯罪区分に対応して、刑事罰と行政刑罰とにわけられる。刑事罰は、自然犯（刑事犯）に対する制裁であり、行政刑罰は、法定犯（行政犯）に対する制裁である。

なお、行政刑罰も、刑法の適用をうける刑であるので、刑事訴訟法の規定にもとづき裁判手続によって科される。

(2) 条例と刑罰

刑法では、刑罰の種類・軽重・内容についてさだめ、他の法令の罪に

◆「科する」と「処する」◆

「科する」は、刑罰・過料・懲罰を一般的な形で規定する場合に用いる。
例⇒『…条例に違反した者に対し、二年以下の懲役若しくは禁錮、百万円以下の罰金、拘留、科料若しくは没収の刑又は五万円以下の過料を科する旨の規定を設けることができる。』（地方自治法14条3項）

「処する」は、法違反行為とこれに対する刑罰・過料を具体的に規定する場合に用いる。
例⇒『…正当な理由がないのに、議会に出頭せず若しくは記録を提出しないとき又は証言を拒んだときは、六箇月以下の禁錮又は十万円以下の罰金に処する。』（地方自治法100条3項）

ついても特別の規定がない限り刑法の規定が適用される（刑法8条）。条例の違反者に対しては、このうち下表のように一定範囲の刑罰を科する旨の規定をもうけることができる（地方自治法14条3項）。刑罰には、主刑として、死刑、懲役、禁錮、罰金、拘留および科料の6種類があり、軽重もこの順序による。没収は、付加刑として、主刑をいいわたす場合にこれに付加してのみ科することができる。

なお、行政刑罰についても、刑事事件として刑事裁判手続によらなければならないので、条例に刑罰規定をもうける場合には、事前に所轄の検察庁と協議しておく必要がある。

【刑罰の種類・内容と条例の規定範囲】

刑　名	内　　　容	条例の規定範囲
死　刑	刑事施設内において絞首して執行	規定できない。
懲　役	刑事施設に拘置して所定の作業に従事。無期・有期（1月以上15年以下）	2年以下の有期
禁　錮	刑事施設に拘置。無期・有期（1月以上15年未満）	2年以下の有期
罰　金	1万円以上の金額を納付	100万円以下
拘　留	刑事施設に拘置。1日以上30日未満	同内容
科　料	千円以上1万円未満の金額を納付	同内容
没　収	没収する物⇒犯罪行為を組成した物、犯罪行為に供し・供しようとした物など	（主刑に付加）

(3) 欠格条項となる刑罰

上述の刑罰のうち、禁錮以上の刑罰に処せられ、その執行を終わるまで、またはその執行をうけることがなくなるまでの者は、自治体職員となり、その競争試験・選考をうけることができない（地方公務員法16条2号）。これが「欠格条項」の一つである。

4 過　料

(1) 過料の性質

　過料は、条例または規則の違反者に対して科せられる制裁としての金銭罰である。
　自治体は、条例または規則のなかに条例または規則に違反した者に対して5万円以下の過料を科する旨の規定をもうけることができる（地方自治法第14条第3項・15条第2項）。
　過料は、行政処分のひとつであり、裁判手続をへることなく、首長が単独で科すことができる。

(2) 過料の手続

　首長は、過料処分をしようとする場合において、処分をうける者に対して、あらかじめその旨を告知するとともに、弁明の機会をあたえなければならない。過料の処分に不服がある者は、市町村長がした処分については都道府県知事に審査請求をすることができるが、市町村長に異議申し立てをすることもできる（地方自治法第255条の3第1・2項）。
　首長は、過料を納期限までに納付しない者に対し、期限を指定して督促し、指定された期限までにその納付すべき金額を納付しないときは地方税の滞納処分の例により処分することができる（地方自治法第231条の3第1・3項）。

5　公　表

　公表とは、一定の事項をひろく不特定多数の者が知りうる状態におくことをいうが、制裁として行われる場合がある。
　制裁としての公表は、法違反行為のあった者の氏名や違反の内容などを官報・公報に掲載し、または掲示場に掲示することによって行なわれる。
　公表は、条例に規定する場合がおおいが、実際上の効果があがっているとはいえない。

6　その他の制裁

(1)　損害賠償責任

　自治体職員は、次のような損害賠償責任をおう。損害賠償は、損害の補てんを目的としているが、民事罰としての制裁の意味合いもある。
① 　後述の住民監査請求・住民訴訟において、会計や公金支出などにかかわる職員に違法・不当な財務会計上の行為があった場合に、損害賠償の責任を問われる。
② 　資金前渡をうけた職員や物品を使用している職員などは、故意・重過失（現金については故意・過失）によりその保管する現金・物品などを亡失・損傷などしたときは、これによって生じた損害を賠償しなければならない（地方自治法243条の２）。
② 　職員が職務を行うについて故意・重過失によって他人に損害を生じさせた場合には、賠償した自治体から求償権を行使されることがある（国家賠償法１条２項）。

　また、職員が故意・過失により他人に損害を生じさせた場合には不法行為として損害賠償責任をおう（民法709条）。

(2)　社会的制裁

　自治体職員は、その背信的な法違反行為に対しては、市民から非難され、議会で責任を追及され、新聞・テレビなどでも報道される。また、免職の懲戒処分をうければ、退職金が支給されず、共済年金も減額さ

れ、再就職もむずかしくなり、一家離散の憂き目を見ることにもなりかねない。その代償はあまりにもおおきい。本人は自責の念にかられることになるが、取り返しのつかないことである。
　これらが社会的制裁といわれるものである。

第 4 章

自治体職員の法違反行為をださない体制を
どのように整備するか

1　内部体制の整備・強化

(1)　倫理規範

　自治体は、職員倫理に関する法令、条例、規則、規程などを整理し、分かりやすい冊子やパンフレットにして、職員に配付し、各職場の研修で活用するようにしはどうだろうか。とくに、汚職や個人情報など職務に関連する法については、各職場においてつねに注意を喚起するようにしたい。法規範の周知については、何よりも職員の自覚をうながすために継続的で実効性のあるものでなければならない。また、倫理規範を強化するために、議員・長の倫理条例とともに、「職員倫理条例」の制定も課題である（制定例⇒石垣市・立川市・静岡市・新宿区など）。

(2)　首長の指揮監督権

　首長は、その補助機関である職員の指揮監督権をもっており（地方自治法154条）、この権限を的確に行使しなければならない。指揮監督権の行使の方式として、訓令・通達を発することができる。
　訓令は、職務運営上の基本的事項を内容としており、これには、事務処理規程、事務決裁規程、公印規程などがある。通達は、主として職務運営上の細目的事項を内容としており、個別・具体の職員の服務規律や綱紀粛正に関しても発せられる。
　訓令・通達は、行政組織の内部的な規範として、一般市民を拘束するものではないが、下級機関や所属職員を拘束する。また、副市区町村長・

副知事は、いわゆるラインとして首長に次ぐ立場から、首長を補佐し、内部組織に配置された職員の担任する事務を監督する責任がある（地方自治法167条）。予算の執行などにつき〈依命通達〉を発することもあり、職員の法遵守面でも重視な役割をもっている。

(3) 会計管理者制度

自治体職員による法違反行為には、公金の取り扱いに関するものがおおい。自治体には、公金の出納を主とした会計事務の適正な執行を確保

◆課長・係長職者の役割◆

自治体職場では、通常、課ないし係を単位として仕事が行われるので、課長職ないし係長職が中心となって法遵守の徹底をはかることになる。

課長・係長職者は、職場のリーダーとして、部下職員に対する良き指導者であるとともに、良き監督者でなければならない。良き指導者は、率先垂範で自らが模範となる行動をしめす必要がある。それには、自らが高い倫理観をもつとともに、自らが学んで政策力を高める努力を怠ってはならない。良き監督者は、パワハラに注意しながら、「してはならないこと」と「すべきこと」の区別をつけて、時には叱責することも必要である。

また、課長・係長職者は、仕事と人事に対するマネージメントを常に心がけなければならない。そのためには、自らが組織目標に向かう姿や課題解決に立ち向かう姿勢をみせること、そして情報を最大限に職員全体で共有するようにすることが重要である。このような課長・係長職者の姿をみて、組織としてのまとまりや緊張感がうまれ、法違反行為の芽をつむこともできるのではないか。

「やって見せて、言って聞かせて、やらせて見て、ほめてやらねば、人は動かず」（山本五十六）の言葉も心にとどめておきたい。

するために、内部牽制制度として職員のうちから会計管理者がおかれている。会計管理者は、現金・有価証券・物品の出納と保管、小切手の振り出し、支出負担行為の確認、決算の調製・首長への提出などの自治体の会計事務をつかさどっている（地方自治法170条1・2項）。会計管理者は、歳出予算の執行では、首長から支出命令があった場合に、その支出の原因となる契約などの支出負担行為が法令などに違反していないことを確認しなければ支出することができない。会計管理者は、公金の支出などにあたって、適法性を担保する重要な役割をもっている。

(4) 公益通報制度

公益通報（いわゆる内部告発）制度は、公益にかかわる法違反行為を通報した者を保護し、法違反行為から市民の権利利益をまもることを目的

──経験・実践から⑧── 　　心がけた「情報共有」

　係長職になってからは、職員の不適切な起案文書を書き直させるなどして"うるさい"存在になった。一方で、職員間の情報共有をつねに心がけて、打合せ会などの会議を頻繁に、しかし短時間で行うようにしていた。課長職になってからは、そのほかに毎月1回、市全体の動き、議会情報、仕事の注意点などをのせた課内報（B4版）を自ら作成して職員に配付していた。部長職になってからも、適時に自ら作成の部内報を発行し、また庁議・部長会議の終了直後には、毎回の課長・係長会と月1回の主任職以上の会議をひらき、連絡・報告事項の徹底と決定事項の説明を行い、すみやかに職員全体で情報共有をはかるようにしていた。また、部長職当時、毎月1回、5時30分頃から2時間程度、「福祉と自治の動向」をテーマにして、部職員の自主参加による研修も行った。

としている。

自治体における公益通報制度には二つの場面がある。

第一は、条例の制定などによる自治体独自の取り組みで、公益通報の迅速・公正な仕組みと公益通報者に対する不利益な取り扱い禁止を内容とする。仕組みのポイントは、次のとおりである。

① 自治体職員や自治体からの受託業務事業者の従業員が知り得た行政運営上の違法・不当な事実を自治体のさだめている通報先に通報する。
② 通報をうけた自治体は、調査をし、改善・防止のために必要な対策を講じ、その経緯や内容を公表する。

第二は、公益通報者保護法を運用することで、同法における自治体のかかわり方には、次の三つの場合がある。

① 通報事実の発生源としての事業者に該当する場合
② 自治体が事業者として内部通報の通報先になる場合
③ 民間事業者の通報対象事実について処分・勧告などをする権限を有する行政機関として外部通報の通報先になる場合

公益通報者保護法では、その通報対象事実が刑法、食品衛生法など限られた法律に規定する犯罪事実に限定されているが、自治体独自の制度では、ひろく法令・条例・規則に違反する事実としている。自治体では、条例制定による独自制度の導入も検討課題である（制定例⇒鹿沼市、長浜市、多治見市、千代田区など）が、自治体に設置されている通報窓口の活用が望まれる。

(5) 不当要求行為への対応策

自治体職員に対する不当要求行為は、職員以外の者がその地位・権限にもとづく影響力の行使や脅迫・威圧などの不穏当な言動などによって、職員に職務上の行為をし、または、しないよう要求することである。

不当要求行為は、地域の有力者などの「口利き」「働きかけ」として行われることもある。この不当要求行為によって職員の公正・公平であるべき職務の遂行が妨げられることになる。自治体は、条例の制定などによって、組織的な対応をはかるようになってきている（制定例⇒守山市、大阪市、長岡京市など）。

対応策のポイントは、次のとおりである。
① 職員は、不当要求行為をうけたときはこれを拒否するとともに、所属長に報告し、その内容を記録する。
② 首長は、警告や公表をし、警察署へ通報する。

なお、暴力団員の行う暴力的要求行為については、「暴力団員による不当な行為の防止等に関する法律」に暴力的要求の禁止行為が列挙されている（同法9条）。これらに該当するばあいには、すぐに警察署に通報するようにしたい。

不当要求行為に関しては、宇都宮地方裁判所の鹿沼市職員殺害事件判決（2004年2月12日判決）が想起さる。この事件では、犯行を依頼した産業廃棄物業者は自殺し、4人の実行犯には14年から無期までの懲役刑が確定している。なお、被害者の遺体は発見されないままである（いわゆる遺体なき殺人等事案）。その裁判所の判決の一部を抜粋して紹介しておく。

「本件は、首謀者である黒幕の業者が、長年にわたり鹿沼市の最高幹部や直接の窓口となる所管管理職に取り入るなどしてさまざまな権益を享受していたが、市長の交代に伴ない、廃棄物行政担当惨事に返り咲き、再び厳正な職務執行にまい進する被害者が、恫喝（どうかつ）等を繰り返しても意のままにならず、このままでは死活問題と理不尽にも逆恨みした挙げ句、邪魔者は消せとばかりに、力尽くで排除しようと企てた凶悪な逮捕監禁・営利略取・殺人・死体遺棄の事案である。

業者と密接に関係を取り結んでいた市の最高幹部や所管管理職等の中堅以上の幹部において、業者に種々の不当な便宜を図り、あるいは、不正を黙認放置するなどという、自己の重責を忘れた特定の業者とのなれ合いや癒着体質、さらには自己保身による事なかれ主義と指摘される公務員の悪弊による対応の累積が、業者が犯行を発案敢行するまでに増長させた温床となった面があることは到底否定し難く、業者を増長させるのに大なり小なり一役買った関係者においても一定の道義的非難を免れないといわざるを得ない。被害者は、市の廃棄物行政を担当する所管管理職として、市民の健康や環境保全に意を尽くし、従前業者となれ合いや癒着の関係等を継続してきた担当部局の体質を打破し、適正かつ健全な行政を全うすべく、一部上司同僚の職責に背を向けた対応や業者の執ような恫喝等にも屈せず、身の危険を感じつつも、毅然とした姿勢で法規等にのっとった行政の執行に当たり、まさにあるべき公務員としての使命を体現していたものにほかならず、検察官も強調するとおり、公務員の鑑として高く称賛されこそすれ、本件凶行を甘受しなければならないような落ち度は何一つとしてなく、市長も殉職同然として深い哀悼の意を表明しているところである。」

(6) 入札契約制度

自治体・国においても、「政官業」の癒着により入札・契約をめぐる不正行為がくりかえされてきた。この問題の核心は、契約金額を不当に水増し、正当な金額との差額について、自治体・国に実質的な損害を生じさせていることである。しかも、公共工事においては、その金額がおおきく、それだけ多額の税金がムダに使われたことになる。

このため、2000年に「公共工事の入札及び契約の適性化の促進に関する法律」が制定され、入札・契約にかかる各種の情報公開(公共工事の発

注見通し、入札者・入札金額、落札者・落札金額、入札契約の過程、工事契約の内容などの公表)、談合などの不正が行われた場合の公正取引委員会への通知、一括下請け（丸投げ）の禁止などがルール化された。

　また、入札談合等関与行為防止法（官製談合防止法）は、公正取引委員会の改善措置要求や発注機関職員に対する損害賠償・懲戒処分・刑罰の個人責任を追及することをさだめている。とくに契約関係職員が留意しておくべきことである。

　この法律にもとづき、大がかりな官製談合として、公正取引委員会から改善措置要求をうけた自治体もでている（岩見沢市、新潟市、札幌市、青森市など）。自治体においても、公共事業をめぐる談合を排除する動きが活発になり、条件付一般競争入札への一本化、電子入札の導入、予定価格等の事前公表、総合評価型入札の導入、入札監視の第三者委員会の設置など不正行為が起こりにくい環境の整備がすすんでいる。なおいっそうの継続した努力が求められる分野である。

　地元業者への優先発注に関しては、最高裁判所が「およそ村内業者では対応できない工事以外の工事は村内業者のみを指名するという運用について、常に合理性があり裁量の範囲内であるということはできない。」（平成2008年10月26日第一小法廷判決）と判示して、入札で地元経済の振興のみを考慮して、競争性の確保への配慮がなければ、裁量権の逸脱・濫用となり、違法になる場合もあることをしめしている。

(7)　汚職・不正経理の防止策

　自治体は、汚職の防止のために、次のような対策を講じている（前述の「地方公務員の懲戒処分等の状況」）が、これらの対策も着実にすすめていくことが肝要である。

① 例規等の見直し・整備

　組織・機構、職制、事務分掌、事務決裁、権限配分などについて、再点検・見直しをして、条例・規則や規程を整備する。

② 人事配置・任用の適正化

　人事の刷新、要員の充実および許認可・工事関係職員などの適時・計画的な配置転換をする。

③ 事務処理方法の改善

　チェックシステムの整備強化、事務処理方法の調査・点検の実施および現金の取り扱いなど会計事務を改善する。

④ 服務管理の強化

　職員への指揮・監督権の発動として、通達の発出や訓示を行い、また職員相互の注意喚起をうながす。

　また、前述の会計検査院報告では、不適正経理の再発防止策の検証から、監査機能（内部監査および外部監査）の強化、研修の実施、公務員倫理の徹底、文書発出による職員の意識改革、相互けん制の機能しやすい物品調達体制の整備などの対策がとられていることが報告されている。

2　監査委員制度の機能強化

　監査委員は、首長から独立した地位がみとめられている独人制の執行機関で、自治体の自主的・自律的な活動をささえる役割をもっている。
　監査委員の監査には、自治体の財務事務の執行や経営事業の管理に関する「財務監査」(定期監査・随時監査)を中心にして、自治体の事務執行についての「行政監査」、財政援助団体・出資団体に対する監査および公金の収納に関する監査などがある(地方自治法199条ほか)。また、住民の直接請求にもとづく監査、議会の請求にもとづく監査、首長からの要求にもとづく監査、住民監査請求にもとづく監査などの「特別監査」がある。これらの監査が適正・厳格に行われなければならない。
　監査委員は、人格が高潔で、自治体の財務管理、事業の経営管理その他行政運営に関し優れた識見を有する者および議員のうちから選任され(地方自治法196条1項)、その職務を遂行するにあたっては、つねに公正不偏の態度を保持し、監査をしなければならない(地方自治法198条の3第1項)。議員やOB職員の選任については、見直しが必要であろう。
　監査委員は、次の4つの観点から監査対象を検証する。①は法遵守の観点である。
① 　法令や予算などにしたがって適法・適正に処理されているか(合法性・合規性)。
② 　最少の経費で実施され、ムダな経費をかけていないか(経済性)。
③ 　最大の成果やサービスが得られているか(効率性)。
④ 　目的にかない、効果をあげているか(有効性)。

3　議会の改革・機能強化

(1)　議会の権限

　自治体議会は、市民の信託にもとづく権限として、議決権および監視権を行使する。その権限行使にあたっては、第一に、議員自らの行為が適法・適正なものでなければならず、議員による不正行為や公金の不適切な使用があってはならない。第二に、首長・執行機関と議会のなれ合いを排し、両者が緊張関係をもった議会運営を行っていかなければならない。

　また、自治・分権をさらに進展させるために、議会改革による機能強化がつよく求められている。

(2)　議会の議決権

　自治体議会の中心となる権限は、それぞれの自治体としての意思決定をおこなう議決権である。

　議決事件には、条例の制定改廃、予算の定め、決算の認定、契約の締結、財産の取得・処分などがある（地方自治法96条1項）。自治体議会は、この議決権の行使をとおして執行機関の適法・適正な行政執行を確保することができる。

(3) 議会の監視権

　自治体議会には、もうひとつの重要な権限として、執行機関の行財政運営を監視する権限があたえられている。この監視権は、自治体ないし自治体職員の法遵守を直接的にチェックする機能をもっている。監視権には、検閲・検査権、監査請求権および調査権がある。
① 検閲・検査権
　　自治体議会は、それぞれの自治体の事務に関する書類および計算書を検閲し、首長・執行機関の報告を請求して、事務の管理、議決の執行および出納を検査することができる（地方自治法98条1項）。検閲・検査は、議会が自ら監視権を行使する方式である。

―経験・実践から⑨―　　容赦のない100条調査

　福祉保健部長に在任中、市内の複数の民間福祉事業者へ市から交付された補助金が他の団体に還流したとの疑惑がもちあがった。そこで、市議会は、補助金の執行に関する規則の違反の有無などを解明することを目的に地方自治法100条の規定による調査を行うこととし、その調査権を議会の常任委員会に委任・付託した。常任委員会では、約1年間にわたる証人の出頭、記録・資料の提出、質疑などにより調査が行われた。筆者は、質疑では担当職員の協力を得ながら前面にたって対応したが、容赦のないきびしい質疑・追及をうけ、その状況が何回か新聞報道された。調査の結果は、調査報告書としてまとめられ、本会議に提案されて可決されたが、還流の疑惑は明らかにされなかった。ただし、補助要綱の不備や補助金交付手続の不適切な点が指摘された。

② **監査請求権**

　自治体議会は、監査委員に対し、それぞれの自治体の事務に関する監査を求め、監査の結果に関する報告を請求することができる（地方自治法98条2項）。

③ **調査権（100条調査権）**

　自治体議会は、それぞれの自治体の事務に関する調査をし、選挙人その他の関係人の出頭・証言・記録の提出を請求することができる。出頭・記録の提出の請求をうけた選挙人その他の関係人が、正当な理由がないのに、議会に出頭しないとき、記録を提出しないとき、または証言を拒んだときは、6か月以下の禁錮または10万円以下の罰金に処せられる（地方自治法100条）。この調査権は、議会の「伝家の宝刀」といわれる強力な権限である。

4　外部監査制度の活用

(1)　外部監査契約

　外部監査は、自治体が外部の専門的な知識を有する者と契約をむすんで監査をうける制度であり、地方自治法252条の27以下に規定されている。自治体における監査機能を充実・強化するために導入された制度で、自治体と契約をむすんだ外部監査人は、監査委員とは別に自らの判断と責任において監査をし、監査報告書を提出する。
　外部監査人の有資格者は、弁護士、公認会計士、実務精通者または税理士であるが、その自治体の常勤職員であった者、また現にその自治体の委員などに任命されている者を外部監査人とすることができない。外部監査人と契約をむすぶときは、あらかじめ監査委員の意見をきくとともに、議会の議決をへることが必要である。
　外部監査制度には、包括外部監査と個別外部監査のふたつがある。
　なお、外部監査制度では、監査委員の監査と重複しないよう行政組織の内部制御（統制）機能について点検・評価を行ういわゆる「システム監査」に重点をおくべきであろう。

(2)　包括外部監査

　包括外部監査は、外部監査人が自ら特定のテーマをきめて監査をするもので、都道府県、指定都市および中核市では毎年度実施することが義務づけられている。それ以外の市町村は、条例にさだめて実施すること

ができる。契約期間は、1年で同じ外部監査人との連続しての契約は3年が限度とされている。監査結果は、外部監査人が議会・首長・監査委員・関係委員会に報告し、監査委員が公表する。また、監査結果にもとづいて首長などが措置を講じたときは、監査委員に通知し、監査委員が公表する。

(3) 個別外部監査

個別外部監査は、次の①から⑤までの監査について、個別に契約をむすび、外部監査人が監査をするものである。
　①直接請求制度の事務監査請求
　②議会の監査請求
　③首長からの監査要求
　④首長からの財政援助団体等に関する監査の要求
　⑤住民監査請求
これらの監査を監査委員の監査に代えて個別外部監査を実施するためには条例でさだめなければならない。
このうち①および⑤の監査は、市民による行政の制御手段でもある。

5　市民による監視・制御

(1)　情報公開・個人情報保護制度

　情報公開制度は、公正で透明な自治体行政を推進し、市民参加を促進するための民主主義的制度である。情報公開制度では、市民の知る権利を保障し、何人も首長・議会などの実施機関に対して、その保有する公文書の公開を請求できる。この公開請求による情報にもとづき、後述の市民オンブズによる行財政の実態の解明・公表と自治体への責任追及が行われてきている。また、議会の場においては、議員が一市民として公開請求した情報により前述の監視権が行使されることもある。

　個人情報保護制度は、個人の権利保護を目的としたもので、自己情報コントロール権という基本的人権を基礎にした制度である。個人情報保護制度は、首長・議会などの実施機関が個人情報を収集、記録、利用および提供する法的な基準をさだめている。この法的な基準を明確にすることによって、個人情報の保護と基本的人権の侵害の防止をはかっている。個人情報保護制度では、実施機関に対しては、収集、目的外利用、外部提供、オンライン結合などを禁止・制限している。一方で、何人に対しても、自己情報の開示請求権や訂正・利用提供停止・削除の請求権をみとめている。また、自治体職員などが正当な理由がないのに個人情報リストを提供したときなどに懲役や罰金を科することとしている。

(2) 行政手続制度

　自治体の行政手続制度は、情報公開制度や個人情報保護制度と同様に、条例によってさだめられている。この条例に違反すれば違法・不当な行為となる。自治体の行政手続制度は、市民の権利利益を保護するために、処分（申請に対する処分・不利益処分）、行政指導および届出に関する手続を明確にさだめることによって、行政運営における公正の確保と透

―経験・実践から⑩―　　個人情報保護条例違反

　2000年度からの介護保険制度の導入に際して、65歳以上の高齢者全員を個別訪問して介護保険利用手引書の配布と制度内容の説明を行うことになった。これにあわせて、介護保険制度の実施にともなう要望などに関する簡易なアンケート調査を実施することにした。この業務には、職員の手がまわらないことから民間業者に委託し、該当者の住所および氏名の一覧表を委託業者にわたして、訪問を開始した。個人情報保護審査会には、事前に「高齢者実態調査業務委託」についての承認をうけており、該当者の名簿を委託業者にわたすこともこの契約にふくまれているものとの認識であった。ところが、この承認には、個人情報の提供まではふくまれていないことが判明し、さらに名簿の引渡しは市の立会いのもとで行うべきであったが小包郵便で行った。これが、個人情報保護条例に違反するとし、開会中の議会で指摘をうけ、その責任を追及された。また、自宅で就寝中の夜中に新聞記者の取材をうけて、新聞報道もされた。急いで個人情報保護審査会に諮ったが、当然のこと、審議会からきついお叱りをうけた。これは、個人情報保護条例に抵触する行為であり、筆者もふくめて関係職員に処分が行われた。

明性の向上をはかっている。

　そのために、申請に対する処分では、許認可などの審査基準・標準処理期間や審査の速やかな開始などについて、不利益処分では、不利益処分の基準・理由の提示や聴聞・弁明の機会付与の手続などについてさだめている。行政指導では、その範囲や任意なものであることなどについて、届出では到達主義についてさだめている。

(3)　事務監査請求制度

　選挙権を有する者は、直接請求制度として、その総数の50分の1以上の連署をもって、その代表者から自治体の監査委員に対し、それぞれの自治体の事務執行に関し、監査の請求をすることができる（地方自治法75条）。監査請求の対象は、自治体の事務一般すなわち自治事務および法定受託事務のすべてである。事務監査請求の事例はすくないが、自治体における違法・不当な事務処理の制御手段となる。

(4)　住民監査請求・住民訴訟制度

　住民監査請求・住民訴訟制度は、市民が単独で行うことができ、予算の執行や財産の管理などを監視・制御する有効な手段である。この制度は、対象が財務会計上の行為と一定の怠る事実に限られるが、最終的に職員個人の賠償責任が追及されることにより、自治体職員の法遵守の意識喚起にも一定の役割をはたしている。

　住民監査請求は、市民が自治体の執行機関や職員による違法・不当な公金支出・財産管理・契約締結などの財務会計上の行為や公金の賦課徴収・財産の管理を怠る事実があるとみとめるときに行える。その方法・内容は、監査委員に対し監査をもとめ、違法・不当な行為の防止・是正

や損害の補てんなどの必要な措置を講ずべきことを請求することである（地方自治法242条）。

この住民監査請求による監査の結果・勧告や執行機関・職員の措置に不服があるときは、住民訴訟を提起することができる。住民訴訟では、違法な財務会計上の行為の防止・怠る事実の是正や損害賠償などを請求することである（地方自治法242条の2・242条の3）。この訴訟は、個人の権利保護のためでなく自治体財務の公正な運営を確保することを目的とするものであり、「納税者訴訟」ともいっている。

住民監査請求・住民訴訟制度は、直接民主主義的な制度としても機能し、事例もおおく、裁判所の判決もつみ重ねられている。

なお、住民訴訟が提起された場合に、首長に対する自治体の損害賠償請求権を放棄する議会の議決が行われることがあるが、これは住民訴訟制度をないがしろにするものであるというべきであろう。

(5) オンブズ制度

オンブズ制度は、市民からの申立てに応じて行政活動の合法性・妥当性をチェックし、改善・是正を勧告する第三者機関である。一般に　オンブズマンまたはオンブズパーソンといわれている。これは、本来、たかい権威をもった独人制の機関で、中立的立場から市民の行政に関する苦情をうけつけて、調査し、救済の勧告をするとともに、独自に行政のあり方を調査する権限をもっている。議会に設置することもできるが、日本の自治体に導入されているオンブズは、執行機関の附属機関として設置されている。

また、市民・弁護士などが主体となった〈市民オンブズ〉が、情報公開制度を活用しながら、自治体・国の違法・不当な行財政運営を監視し、是正させる重要な活動を行っている。

第5章

**法遵守問題をのりこえるため
自治体職員に何が必要か**

1　意識改革から行動改革へ

　今日、自治体に求められる職員人材は、受動的・横並び思考、指示待ち態度、大過なき主義にもとづく体制順応・管理型職員ではなく、主体的・独自思考、積極的態度、試行錯誤主義にもとづく改革・政策型職員である。それには、職員が使い古された「意識改革」の次元にとどまることなく、時代の変化に対応した《行動改革》をともなわなければならない。これを〈職員革命〉といっていいかもしれない。

　自治体職員の意識改革とは、自治体をめぐる環境の変化と自治体職員の地位・役割をふかく認識することであり、行動改革とは、意識改革を現実の行動にうつし、具体的に実践することである。そのための自治体職員力が求められている。

　かけ声だけでは、ことはすすまない。やるべきことは、行動にうつして結果がでる。

2　自治体をめぐる環境の変化

(1)　自治・分権の拡充

2000年分権改革の意義

　2000年3月31日までの国と自治体との関係は、機関委任事務体制のもとにおかれ、首長は、選挙で選ばれているにもかかわらず、国の行政府（内閣）の一機関にすぎず、しかも主務大臣（省庁）の下部機関とされていた。改正前の地方自治法では、機関委任事務を「長が国の機関として処理する行政事務」「市町村長の権限に属する国の事務」とされ、首長は、主務大臣との間で「上下・主従」の関係におかれて、包括的な指揮監督権（改正前地方自治法150条）にもとづく「通達」に服さなければならなかった。ところが、2000年4月1日に機関委任事務は廃止され、包括的な指揮監督権に関する地方自治法の規定も削除され、自治体は、自立した政府として国と対等の関係にあり、必要におうじて協力しあう関係であることが明確にされた。当然のことながら、主務大臣・省庁から自治体に「通達」を発する根拠はなくなった。これが《2000年分権改革》であり、〈未完の分権改革〉とはいえ、その意義をつねにかみしめておきたい。

【政府間関係の変化】
○機関委任事務体制下：内閣→主務大臣→都道府県知事→市区町村長←市民
　↓
○2000年分権改革後：内閣・各省庁⇔都道府県⇔市区町村←市民

さらなる自治・分権の拡充

2000年分権改革により、自治体政府は、それぞれの地域における中核的・総合的な政策主体として、市民福祉の増進をはかるために、それぞれの地域における政策を自主的・自律的・総合的に実施する役割をひろくになうことになった。自治体政府は、それぞれの地域の特性をいかした政策を自ら選択し（自己選択）、自ら立案・決定し（自己決定）、自ら実施する責任をおっている（自己責任）。今後、自治・分権のさらなる拡充がおおきな課題である。

(2) 人口構造の変容

日本の人口構造の変容は、急速な高齢・長寿化と少子化との同時進行により福祉需要の増大をもたらす一方で、生産年齢人口の減少により税・社会保険料負担への対応に迫られている。人口の推移については、総務省の「国政調査」結果および「人口推計」で、人口の将来推計については、国立社会保障・人口問題研究所の「日本の将来推計人口」（2006年12月中位推計）でみておく。なお、2010年の国政調査の集計結果をもとに、2011年以降の将来人口推計が行われる。

① 超高齢社会へ

日本の65歳以上の高齢者人口・割合（総人口に対する割合。以下同じ）は、1950年に約415万人・4.9％であったが、1970年には約739万人・7.1％となって「高齢化社会」にはいっている。この割合が1994年には14％をこえて、7％から14％への「倍化年数」が24年間という世界に例をみない超スピード・短期間で「高齢社会」にはいっている（因みに、ドイツ40年間、イギリス47年間、フランス115年間、イタリア61年間）。さらに、2005年には約2,567万人・20.1％へとその数・割合ともおお幅にふえている。

将来推計では、2025年に約3,635万人・30.5％、2055年には約3,646万人・40.5％と高齢者数はへってくるがその割合はたかくなる。まさに〈超高齢社会〉といえる状況になる。

② 超少子社会へ

0歳から14歳までの年少人口・割合は、1950年に約2,978万人・35.4％であったが、1970年には約2,515万人・24.0％で4分の1をきってしまった。1997年には、約1,937万人・15.4％となり、同年の高齢者人口・割合の約1,976万人・15.7％に逆転されてしまった。さらに、少子化は進行し、2005年には約1,752万人・13.7％までへっている。

将来推計では、2025年に約1,196万人・10.0％となり、2055年には約752万人・8.4％にまで減少し、〈超少子社会〉となる。人口置き換え水準（一定の人口を維持するために必要な出生率の水準）は、合計特殊出生率（1人の女性が生涯にうむ子どもの平均数）で2.07～2.08の水準である。この合計特殊出生率は、1950年に3.65であったが、1975年には1.91までさがっている。さらに1989年の「1.57ショック」をへて、2005年には1.26で過去最低となり、その後上昇し、2009年には前年と同じ1.37となった（厚生労働省「平成21年人口動態統計(確定数)の概況」）。だが、今後、晩婚・非婚化にくわえ女性人口の減少により出生数は持続的に減少していくものと予測される。

③ 総人口の激減

日本の総人口は、第二次世界大戦後の1950年には約8,412万人、高度経済成長期をへて1970年に約1億466万人とふえつづけ、2005年には約1億2,777万人となっている。

将来推計では、総人口が減少局面にはいり、2025年に約1億1,927万人になり、21世紀の中間時点をすぎた2055年には約8,993万人で2005年時の約30％弱もの減少である。

なお、参考推計では2105年にピーク時の45％減の4,459万人へと激

減する。

(3) 財務の緊迫

近年における自治体・国の財務状況は、悪化の一途をたどってきており、緊迫の度をましている。今回の東北地方太平洋沖地震による災害復興対策にも巨額の財政支出が必要となる。

① **財政の硬直化**

自治体が社会経済や行政ニーズの変化に適切に対応していくためには財政構造に弾力性がなければならない。この弾力性の度合いをみる代表的な指標が「経常収支比率」である。経常収支比率は、人件費、扶助費、公債費などのように毎年度経常的に支出される経費にあてられた一般財源（経常経費充当一般財源）が、地方税、普通地方交付税などのように毎年度経常的に収入される一般財源（経常一般財源）などに対して、どの程度の割合になっているかをしめしている。この水準は、70％～80％が「適正」とされているが、自治体の全国平均で90％以上の「硬直化」した状況がつづいている。全国ほとんどの自治体において、経常収支比率を適正水準に近づけることがおおきな課題となっている。

② **膨大な借入金残高**

地方債など自治体の借入金の残高総額は、1980年度に39兆円であったが、その後、国の景気対策への動員などにより年々ふえつづけ、2011年度末の残高見込み額は200兆円程度になっている。これにくわえて、国の長期債務残高見込み額が2011年度末に692兆円程度となり、自治体・国合計で891兆円程度という莫大な金額にふくれあがっていく。これは、次世代・将来世代へおおきなツケを回すことになる。

③ 財源の限界

　自治体の財源は、社会経済状況の構造的な変化から限界にきている。今後、税・社会保険料負担の中心である生産年齢人口の減少とふえつづける社会保障費用の財源確保のために増税はさけられないが、自ずとその負担にも限度がある。また、国自体が財政運営に行きづまっており、当分の間、国から自治体への税源移譲や地方交付税・国庫支出金のおお幅な増額は困難な状況にある。

④ 山積する政策課題

　自治体には、高齢者・障害者の介護、子ども支援、生活保護などの福祉、小・中学校校舎の耐震化・教育内容の充実などの教育、道路・公園などの都市基盤、災害対策、ごみ処理などの政策課題が山積している。くわえて、経済の高度成長下の財源拡張期につくられた公共施設（ハコモノ）の維持費や改築・建替え費用、起債償還などの必要経費は膨大な額にのぼる。自治体は、身をきる思いで、「あれか・これか」の政策の選択・重点化とスクラップの徹底によってしかこの難題をのりきることができない

3　自治体政策

(1)　政策とは

　政策とは、端的にいえば、公共課題の解決策である。
　地域の人びとは、病気、介護、保育、教育、ごみ処理などのさまざまな生活問題をかかえている。これらの問題は、自然に解決するものもあるが、なんらかの手立てを講じないと解決しないものがおおい。この解決を必要とする問題が「課題」である。課題には、個人や家族で解決できる〈個人課題〉と社会的対応によらなければ解決できない〈公共課題〉とがある。公共課題には、非政府の市民・団体・企業が解決できる〈非政府課題〉と政府である自治体・国でなければ解決困難な〈政府課題〉とがある。
　非政府課題となるものは主に〈特定地域課題〉であり、政府課題となるものには、地域の人びとに最も身近な〈一般地域課題〉、一地域をこえる〈広域的課題〉および国全体にかかわる〈全国的課題〉がある。この課題に対応して〈非政府政策〉と〈政府政策〉とがあり、この二つをあわせたものが〈公共政策〉である。政策とは、一般に政府政策をさしている。
　なお、最近では、非政府課題と政府課題の間に「新しい公共」課題が

【課題と政策との関連】

公共課題 ─┬─ 非政府課題 ──── 非政府政策 ─┬─ 公共政策
　　　　　└─ 政府課題　──── 政府政策　 ─┘

提起され、その課題解決への取り組みも行われるようになっている。

政策は、重層的な構造をもっていて、公共課題を解決するための基本的な理念・方針・目標およびその達成手段からなっている。すなわち、政策は、基本的な理念・方針・目標を内容とする「狭義の政策（Policy）」、狭義の政策の達成手段を体系化した「施策（Program）」および施策体系における個々の具体的な取り組みである「事業（Project）」の三層構造からなっている。この全体を「広義の政策」とよぶことができる。

そうすると、自治体の仕事は、すべてが直接・間接に政策にかかわるものであり、自治体職員には政策の理解と政策的思考が欠かせないことになる。

(2) 政策の主体

地域の人びとの生活課題については、次のように身近なところから順次解決にあたるとする〈補完性の原理〉・〈近接性の原理〉にもとづくことが基本となる。
① 個人・家族で解決できる個人課題については、個人・家族が自ら解決する。
② 市民・団体・企業によって解決できる特定地域課題については、市民・団体・企業の力によって解決する。
③ 自治体・国でなければ解決困難な政府課題については、政府としての自治体や国が解決にあたる。
④ 政府課題では、一般地域課題については基礎自治体が解決にあたり、広域的課題については都道府県が解決にあたり、全国的課題については国が解決にあたる。なお、国際化社会では一国で解決できない国際的な課題については国際機構が解決にあたることになる。課題領域と解決主体の関係を整理すると次頁図のようになる。

【課題領域と解決主体】

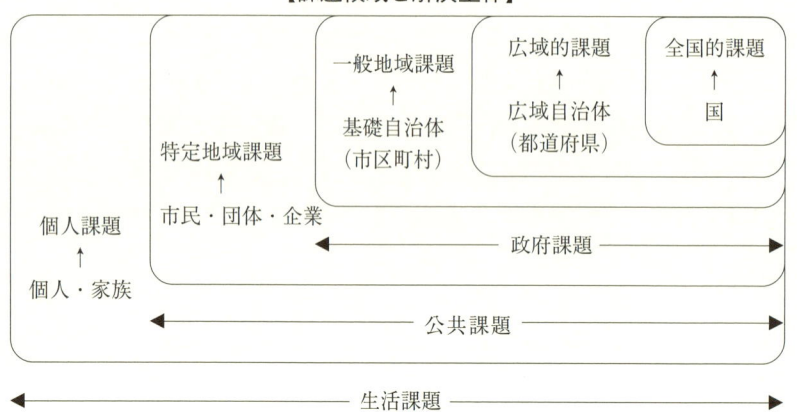

```
一般地域課題    広域的課題    全国的課題
    ↑             ↑            ↑
特定地域課題   基礎自治体    広域自治体      国
市民・団体・企業 (市区町村)   (都道府県)
個人課題
  ↑           ←──────── 政府課題 ────────→
個人・家族
              ←──────── 公共課題 ────────→
←──────────────── 生活課題 ────────────────→
```

(3) 政策サイクル

PDCAサイクル

　政策は、政策の形成（Plan）→政策の実施（Do）→政策の点検・評価（Check）→政策の見直し・対処（Action/Act）のプロセス（PDCAサイクル）により展開される。そして、最後の見直し・対処（Action/Act）を次のPDCAサイクルにつなげて、螺旋をえがくよう一周ごとにサイクルを向上させていく。対処には、継続、修正、廃止、縮小、統合、手法の転換などがある。

　これまで、自治体職員の「政策形成能力の向上」が強調されることがおおかったが、自治体職員の仕事は、政策サイクルからすれば、政策の実施（Do）の比重が圧倒的にたかい。最近では、試行錯誤しながら政策の点検・評価（Check）および政策の見直し・対処（Action/Act）に本格的に取り組む自治体もふえている。政策のPDCAサイクルについては、すべての自治体職員が認識をふかめておかなければならない。

① 政策の形成

政策の形成（Plan）過程は、さらに、問題の発見・把握→課題の設定→政策案の作成→政策の決定の段階をたどる。問題の発見・把握には、職員が日常業務のなかで「これでいいのか」「どこかおかしい」といったような《問題意識》をもつ必要がある。課題の設定は、補完性の原則や政策の重要度・優先度などの観点から行う。政策案は、複数つくり、それを必要性・有効性・効率性・実現可能性などの観点から評価（事前評価）し、そのなかから最善策を選択し・決定する。政策の決定は、議会の議決案件であれば議会の議決により、首長の権限の範囲内であれば首長の決裁によって最終決定する。

② 政策の実施

決定された政策は、担当組織の決定や具体的な作業スケジュールにのせることによって実施にうつされる。政策の実施過程においても、当初の目的どおりに実施されているかどうかなどの評価（中間評価）をし、事業内容や実施方法などについて必要な修正をする。

③ 政策の点検・評価

政策が実施された結果について、目標がどの程度達成されたか、効果があったか、効率的であったかなどの点検・評価（事後評価）をする。

④ 政策の見直し・対処

点検・評価にもとづいて、政策の見直しを行い、継続、修正、廃止、縮小、統合、手法転換などの対処の仕方をきめて、次の政策サイクルにフィードバックしてつないでいく。

(4) 自治体政策と法務・財務

自治体計画

自治体計画は、自治体政策を総合化・体系化したものである。自治体

【自治体計画の体系】

```
               ┌─ 基本計画 ─ 実施計画 ─┐
基本構想 ──────┤         ╲          ├─ 予算 ── 実施
               └─ 個別計画 ─────────┘
```

計画では、自治体の現状と課題をあきらかにし、その課題の解決のための理念・方針・目標・施策・事業をさだめている。自治体計画には、総合計画（基本構想＋基本計画＋実施計画）および個別計画（福祉計画、環境計画など）がある。基本構想とこれと一体的な基本計画をあわせた《長期総合計画》が自治体計画の中心であり、個別計画では、この長期総合計画との整合性がはかられなければならない。

【政策と法務・財務の関連】

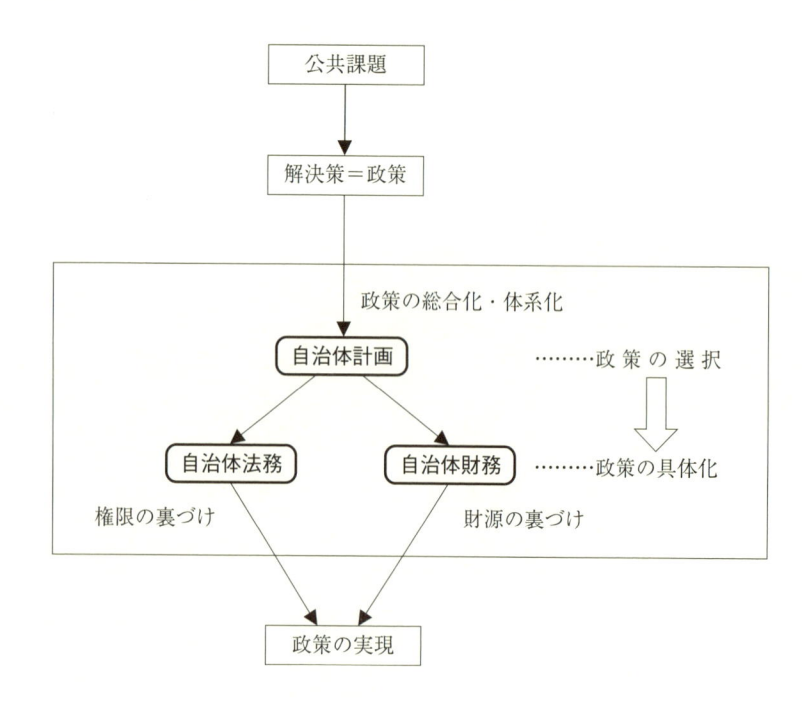

```
        ┌─────────┐
        │  公共課題  │
        └─────┬───┘
              ↓
        ┌─────────┐
        │ 解決策＝政策 │
        └─────┬───┘
              ↓  政策の総合化・体系化
      ┌───────────────────────────┐
      │   ┌─────────┐               │
      │   │  自治体計画 │ ……… 政策の選択
      │   └──┬──────┬┘               │
      │      ↓      ↓                │
      │ ┌────────┐ ┌────────┐        │
      │ │自治体法務│ │自治体財務│ ……… 政策の具体化
      │ └────┬───┘ └───┬────┘        │
      │  権限の裏づけ  財源の裏づけ    │
      └──────┬──────┬───────────────┘
             ↓      ↓
           ┌─────────┐
           │ 政策の実現 │
           └─────────┘
```

政策と法務・財務

　自治体がいかに立派な計画書をつくったとしても、それだけでは「絵に描いた餅」である。政策は、具体的に実現されることによって意味をもち、市民にとって価値あるものとなる。自治体計画にかかげられた政策を実現するためには、権限と財源を必要とする。その権限を法的に裏づけるものとして法務があり、財源を裏づけるものとして財務がある。自治体は、自治体計画を軸として、自治体法務と自治体財務をいわば車の両輪として政策の展開をはかっていかなければならない。この法務・財務は、「政策法務」「政策財務」でなければならない。

4　自治体職員力

(1)　自治体職員の資質

　資質は、職員が自らの内に秘めそなえたもので、外面から見えにくく、先天的な要素がつよいとはいえ、知識と経験によって鍛え、たかめることができる。職員の資質では、倫理観、使命感および人権感覚の三つがとくに重要な要素である。この三つの資質をそなえることによって市民、職員、その他関係者とのふかい〈信頼関係〉をつくることもできる。

① 　倫理観―身の潔さ

　自治体職員は、市民の信託にもとづいて仕事をしているのであるから、それに応えるだけのたかい倫理観を確立しておかなければならない。職員の身辺には市民の疑惑をまねくことのないよう〈身の潔さ〉が求められる。すべての自治体職員は、その地位からして市民の信託にそむき、信頼をうらぎるような行為をしてはならないことは至極当然のことである。これが自治体職員の法遵守の根底にある。

―経験・実践から⑪―　　つけ届けは一切ＮＯ！

　かつては、自治体職員にも出入り業者などから自宅への盆・暮れのつけ届けが行われていた。これは、惰性的に長い間つづいていたが、汚職にもつながりかねないことであった。筆者は、職員時代の早い時期から他人からの贈り物やつけ届けを一切うけとらないことにし、家族にも徹底していた。また、場面はちがうが、ある時期から政治的な偏向の疑いをもたれないようにしようと思い、議員などの熱心な勧誘もことわって政党機関紙を一切購読しないようにした。

② 使命感—熱い思い

　自治体職員は、担当する仕事について、〈熱い思い〉で成さねばならない、成しとげようとする使命感（情熱・やる気）をもたなければならない。自治体の現場では、往々にして解決が困難と思われる問題に直面することがある。だが、熱い思いをもって事にあたっていくと、自ずと道はひらけてくるものである。そのためには、①問題を真正面からうけとめて「逃げないこと」、②途中で「投げ出さないこと」、③できなかったことの「言い訳をしないこと」である。「為せば成る、為さねば成らぬ何事も、成らぬは人の為さぬなりけり」（上杉鷹山）との言は、真実をついている。また、「出る杭は打たれる」ということわざがあるが、自治体現場でも挑戦と改革にはその覚悟も必要であ

―経験・実践から⑫―　背伸びをするくらいじゃないと

　在職中に、あらたな仕事に挑戦したときのことで忘れられないことが三つある。
　一つは、先輩職員から「背伸びをしすぎている」と指摘されたこと。二つには、匿名で、議長・市長などに「業者から賄賂をもらい、密かに警察が捜査をはじめている。職場ではセクハラもしている。」という趣旨の2回の投書をされたこと。三つには、筆者の実名をあげて、「全く無責任極まる（議会）答弁で、市長は何故こんな男を部長に任命したのか。答弁どおりとすれば、彼は背任罪（刑法247条）に該当するのではないか。」といったビラ（B4板表裏）が2回にわたって、市民・職員にくばられたこと。いずれも心穏やかでなかった。だが、背伸びをするくらいでないと力はつかないし、良い仕事もできない。匿名の投書はよくあることで、事実無根のことにはいちいち目くじらをたてない。ビラの配布では訴訟も考えたが、これも仕事のうちだと思ってたえてきた。

る。
③ 人権感覚—温かい心

　主権者・納税者である市民は、自治体政府に自治権の行使を信託した主体であって、「統治」される客体ではない。また、市民は、自治体の提供する行政サービスの単なる受け手・受益者なのではなく、行政サービスを利用する権利の主体である。

　自治体職員は、おおくの場面で日常的に市民と接しながら仕事をしている。そこでは市民とおなじ目線にたった研ぎすまされた〈人権感覚〉を必要とする。人権感覚は、人間性にふかく根ざすものであるから、職員には〈温かい心〉がなければならない。「やってあげている」「うるさい」というような市民を見くだした意識・態度であってはならない。

(2) 自治体職員の能力

　能力とは、事をなしとげる力であって、そのかたちが見えるものであり、自学自習を基本として、多様な研修・研究の機会や経験・実践などによって蓄えるべきものである。「継続は力なり」であり、能力の蓄積には、意欲と努力の継続が必要である。

　自治体職員の能力では、基礎力・総合力およびその上にたった政策力を必要とする。
① 基礎力

　基礎力とは、義務教育で学んだ「読み・書き・そろばん」の能力をベースに、日常業務を正確・迅速に処理できることである。とくに、自治体職員の日常業務では、法務と財務に関する基本的知識を必要不可欠とする。また、自治体の仕事は、文書ではじまり文書でおわるといわれる程に文書が重視されるので、文書能力も欠かすことができな

い。

　基礎力は、自治体職員として必須の能力であり、この不足から、仕事上の指摘をうけ、ましてやミスをおかすなどということは恥ずべきことである。

② 総合力

　総合力とは、高校・大学で学んだことをベースにして、法、経済・財政、政治・行政などの知識にもとづき多面的・全体的に思考・判断する能力である。これに自治体職員採用後に研修などで学んだ自治、法務、財務などに関する知識・技術がくわわる。

　自治体職員は、総合力を身につけることによって、担当職務に精通するだけではなく、自治体の専門家にならなければならない。自治体職員は、選り好みや好き嫌いをいってはいられないのであって、不得手とする領域にも挑戦していかなければならない。

◆ホウ・レン・ソウ◆

　基礎力に関連し、ビジネスマナーとしての「報告」(ホウ)・「連絡」(レン)・「相談」(ソウ)の再確認をしておきたい。報・連・相(ホウ・レン・ソウ)は、法違反行為を未然に防止し、発生した法違反行為の波及を最小限にくい止めるためにもしっかり実践することが欠かせない。

　報告は、上司・先輩などから指示されたことなどについて、経過・結果などの状況を良いことも悪いことも包みかくさず、適時・随時に報告することである。連絡は、仕事の関係者に予定・スケジュールなどの共通認識が必要な情報について、口頭やメモなどによりを伝えることである。相談は、仕事上で判断に迷うことや不安なことを自分一人でかかえこまないで、上司や先輩などに指示をあおぎ、意見をきくことである。ホウ・レン・ソウでは、「誰が(who)」・「何を(what)」・「なぜ(why)」・「いつ(when)」・「どこで(where)」・「どのように(how to)」・「いくら(how much)」の5W2Hをつねに心がけておきたい。

③　政策力

　政策力とは、前述の政策プロセスに対応した能力で、主として自治体職員採用後の研修の機会と実務上の経験によって蓄えられ、自主研究活動により一段とたかめることができる。とくに、政策力に関しては、自治体計画を基軸に法務と財務を駆使して、政策を実現していくことが中心となる。そのために、政策思考能力、政策法務能力および政策財務能力を必要とする。

政策思考能力
自治体は、地方自治法で「地域における行政」を実施し、あるいは「地域における事務」を処理することとされている。この「行政」・「事務」とは、政策の企画・立案・決定・実施のことである。したがって、自治体の行政・事務は、単にルーチンワークとして処理するのではなく、「政策」としてとらえることが必要である。このうち、自治体職員は、政策の企画・立案・実施の中心的な担い手であり、政策的思考を不可欠としている。

政策法務能力
　政策法務は、権限面から「法」を政策実現のために重要かつ有効・強力な手法・技術であるととらえる。政策法務の内容は、条例・規則などの自治立法、法令の自治解釈・運用、自治体争訟、さらに国法改革までもふくんでいる。自治体職員は、法遵守の側面からも政策法務能力を身につけることが不可欠である。

政策財務能力
　政策財務は、財源面から「財務・財政」を政策実現のために重要かつ必要・不可欠な手法・技術であるととらえる。政策財務では、自治体財

務の中心である予算を「政策を金額であらわしたもの」と定義して、予算編成が政策の選択と税を中心とした財源配分であることを重視する。自治体職員は、予算の政策的な意味合いをふかく認識し、予算の編成・執行、決算、財産管理などにあたっていかなければならない。

(3) 職員人材のイメージ

人材とは、もともと「人の役に立つ人」という意味である。この人材がさらに知識・技術・技能をたくわえ、経験・実践をつみ重ねることに

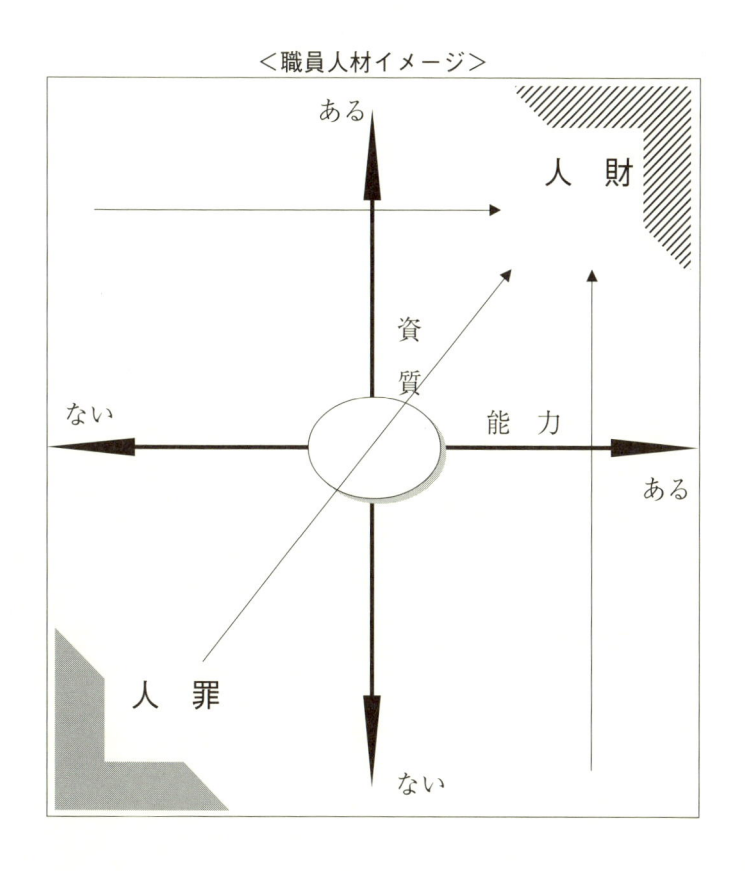

<職員人材イメージ>

101

よって鍛えられ《人財》となる。

　人財の「財」には、「たから」の意味があり、貴重な存在であり、手にはいれば手放したくないものである。これに対して、人罪の「罪」は、法をおかすこと、法により罰せられる行為のことをいう。このようなことを行う人は、欲しくないし、いてもらっては困る存在である。自治体職員の人材イメージを前頁の図のようにえがいてみた。タテ軸が資質の程度であり、ヨコ軸が能力の程度をしめす。資質・能力とも十分にそなわった人が〈人財〉であり、逆にいちじるしく資質・能力に欠ける人が〈人罪〉であり、法違反者がその典型である。

　人財になることは難しいことであるが、そこに向けてのたゆまざる努力が求められる。

(4) 自治体職員の基本的役割

　自治体職員は、少数精鋭主義により、基本的には、プランナー、プロジューサーおよびコーディネーターの三つの役割に徹するようにすべきである。
① プランナーとしての役割
　自治体職員は、市民参加と職員参加のもとに、政策・計画づくりにおいて、中心的な役割をになう。
② プロジューサーとしての役割
　自治体職員は、政策法務および政策財務を駆使し、自治体計画にかかげられた政策を実現する手立てを講じる役割をになう。
③ コーディネーターとしての役割
　自治体職員は、政策が円滑・効果的に実施できるよう、内部部局や外部の関係機関・団体などとの総合的な調整役をになう。

―経験・実践から⑬― **特別養護老人ホームの開設**

　福祉保健部長に在任中、実践した事例を紹介したい（ＮＨＫテレビで放映）。高齢化のすすむなかで、市民の切実なニーズとして、特別養護老人ホームの建設があった。これを長期総合計画の基本計画にのせていたが、財源の見通しがつかないことからその実現が先送りされていた。ところが、2000年の介護保険制度の導入をひかえて、「保険あって、サービスなし」にさせないためにも、特別養護老人ホームの建設は待ったなしの状況にあった。そこで、財政は、破綻状況にあり、全庁あげての行財政改革の最中であったが、保健福祉計画において2000年度を目標に、質のよいサービスを確保しながら財政負担を最少におさえる手法として、社会福祉法人による建設を促進することにした。
　その後、実績と熱意をもっていた社会福祉法人から住宅地のなかにある国有地の払い下げをうけて建設したいとのことで相談をうけた。法人の理事長・役員とも同行するなどして、国の担当部局に何回か払い下げの要望に行き、当時の市長にも要請してもらった。その結果、時価の30％以上の減額によって払い下げがきまった。用地取得費については、国庫補助の対象外であったが、東京都に独自の補助制度があり、こちらにも何回か要望に行き、やはり市長にも動いてもらい、補助金がつくことになった。建設費については、国補助金のほかに自己資金が必要であり、この自己資金分の借入金の元利償還金相当額について市から社会福祉法人に助成できるとの社会福祉法の規定および助成手続を定めた条例にもとづき、補助金を交付することとした。こうして、2000年4月1日の介護保険の実施と同時にデイサービス（20人定員）、ショートステイ（20床）およびホームヘルプサービスの在宅福祉サービスの3本柱と在宅介護支援センター（現在は地域包括支援センター）の在宅サービス機能をフル装備した特別養護老人ホーム（80床）の開設にこぎつけることができた。その後も、おおくの市民ボランティアの支援もあって、利用者・家族の満足のいく質のよいサービスが提供されている。

【筆者紹介】

加藤　良重〔かとう　よししげ〕

　1964年明治大学法学部卒業。同年、東京・小金井市役所に入職し、教育・総務・企画・人事・納税・高齢福祉の各部門をへて福祉保健部長を最後に2001年3月定年退職。退職直後から2006年3月まで東京都市町村職員研修所特別講師（自治制度・公務員制度・公務員倫理・政策・法務・財務など担当）。2002年4月から2011年3月までの間に、流通経済大学（自治体経営論）、法政大学法学部（福祉政策）・現代福祉学部（社会福祉法制・福祉行財政論）、拓殖大学政経学部（地方自治法）、国際基督教大学（地方自治制度）の各非常勤講師。

　現在、自治体審議会等委員（行革・福祉・情報公開など）、自治体職員研修講師（政策法務・政策財務・職員倫理など）

〈主な著書〉

『自治体政府の福祉政策』（2009年）、『政策財務と地方政府』（2008年）、『地方政府と政策法務』（2008年）（以上、公人の友社）、『自治体政策と訴訟法務』（2007年・共編著・学陽書房）、『政策法務と自治体』（1989年・共編著・日本評論社）その他

地方自治ジャーナルブックレット No.57
なぜ自治体職員にきびしい法遵守が求められるのか

2011年8月11日　初版発行　　　定価（本体1,200円+税）

　　　著　者　　加藤　良重
　　　発行人　　武内　英晴
　　　発行所　　公人の友社
　　　　　　〒112-0002　東京都文京区小石川5-26-8
　　　　　　TEL 03-3811-5701　FAX 03-3811-5795
　　　　　　Eメール info@koujinnotomo.com
　　　　　　http://www.koujinnotomo.com

自律自治体の形成　すべては財政危機との闘いからはじまった

西寺雅也（前・岐阜県多治見市長）　四六判・282頁　定価2,730円
ISBN978-4-87555-530-8 C3030

多治見市が作り上げたシステムは、おそらく完結性という点からいえば他に類のないシステムである、と自負している。そのシステムの全貌をこの本から読み取っていただければ、幸いである。
（「あとがき」より）

I　すべては財政危機との闘いからはじまった
II　市政改革の土台としての情報公開・市民参加・政策開発
III　総合計画（政策）主導による行政経営
IV　行政改革から「行政の改革」へ
V　人事制度改革
VI　市政基本条例
終章　自立・自律した地方政府をめざして
資料・多治見市市政基本条例

フィンランドを世界一に導いた100の社会政策
フィンランドのソーシャル・イノベーション

イルッカ・タイパレ - 編著　山田眞知子 - 訳者
A5判・306頁　定価2,940円　ISBN978-4-87555-531-5 C3030

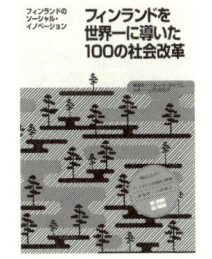

フィンランドの強い競争力と高い生活水準は、個人の努力と自己開発を動機づけ、同時に公的な支援も提供する、北欧型福祉社会に基づいています。民主主義、人権に対する敬意、憲法国家の原則と優れた政治が社会の堅固な基盤です。
‥‥この本の100余りの論文は、多様でかつ興味深いソーシャルイノベーションを紹介しています。‥フィンランド社会とそのあり方を照らし出しているので、私は、読者の方がこの本から、どこにおいても応用できるようなアイディアを見つけられると信じます。
（刊行によせて - フィンランド共和国大統領　タルヤ・ハロネン）

公共経営入門　―公共領域のマネジメントとガバナンス

トニー・ボベール／エルク・ラフラー - 編著　みえガバナンス研究会 - 翻訳
A5判・250頁　定価2,625円　ISBN978-4-87555-533-9 C3030

本書は、大きく3部で構成されている。まず第1部では、NPMといわれる第一世代の行革から、多様な主体のネットワークによるガバナンスまで、行政改革の国際的な潮流について概観している。第2部では、行政分野のマネジメントについて考察している。‥‥‥‥本書では、行政と企業との違いを踏まえた上で、民間企業で発展した戦略経営やマーケティングをどう行政経営に応用したらよいのかを述べている。第3部では、最近盛んになった公共領域についてのガバナンス論についてくわしく解説した上で、ガバナンスを重視する立場からは地域社会や市民とどう関わっていったらよいのかなどについて述べている。
（「訳者まえがき」より）

自治体再構築

松下圭一（法政大学名誉教授）　定価 2,800 円

- 官治・集権から自治・分権への転型期にたつ日本は、政治・経済・文化そして軍事の分権化・国際化という今日の普遍課題を解決しないかぎり、閉鎖性をもった中進国状況のまま、財政破綻、さらに「高齢化」「人口減」とあいまって、自治・分権を成熟させる開放型の先進国状況に飛躍できず、衰退していくであろう。
- この転型期における「自治体改革」としての〈自治体再構築〉をめぐる 2000 年～ 2004 年までの講演ブックレットの総集版。

1　自治体再構築の市民戦略
2　市民文化と自治体の文化戦略
3　シビル・ミニマム再考
4　分権段階の自治体計画づくり
5　転型期自治体の発想と手法

社会教育の終焉 ［新版］

松下圭一（法政大学名誉教授）　定価 2,625 円

- 86年の出版時に社会教育関係者に厳しい衝撃を与えた幻の名著の復刻・新版。
- 日本の市民には、〈市民自治〉を起点に分権化・国際化をめぐり、政治・行政、経済・財政ついで文化・理論を官治・集権型から自治・分権型への再構築をなしえるか、が今日あらためて問われている。

序章　日本型教育発想
Ⅰ　公民館をどう考えるか
Ⅱ　社会教育行政の位置
Ⅲ　社会教育行政の問題性
Ⅳ　自由な市民文化活動
終章　市民文化の形成　　あとがき　　新版付記

増補 自治・議会基本条例論　自治体運営の先端を拓く

神原　勝（北海学園大学教授・北海道大学名誉教授）　定価 2,625 円

生ける基本条例で「自律自治体」を創る。その理論と方法を詳細に説き明かす。7 年の試行を経て、いま自治体基本条例は第 2 ステージに進化。めざす理想型、総合自治基本条例＝基本条例＋関連条例

プロローグ
Ⅰ　自治の経験と基本条例の展望
Ⅱ　自治基本条例の理論と方法
Ⅲ　議会基本条例の意義と展望
エピローグ
条例集
1　ニセコ町まちづくり基本条例
2　多治見市市政基本条例
3　栗山町議会基本条例

No.74 分権は市民への権限委譲
上原公子 1,000円

No.75 今、なぜ合併か
瀬戸亀男 800円

No.76 市町村合併をめぐる状況分析
小西砂千夫 800円

No.78 ポスト公共事業社会と自治体政策
五十嵐敬喜 800円

No.81 自治体人事政策の改革
森啓 800円

No.82 地域通貨と地域自治
西部忠 900円

No.83 北海道経済の戦略と戦術
宮脇淳 800円

No.84 地域おこしを考える視点
矢作弘 700円

No.87 北海道行政基本条例論
神原勝 1,100円

No.90 「協働」の思想と体制
森啓 800円

No.91 協働のまちづくり
三鷹市の様々な取組みから
秋元政三 700円

No.92 シビル・ミニマム再考
ベンチマークとマニフェスト
松下圭一 900円

No.93 市町村合併の財政論
高木健二 800円

No.95 市町村行政改革の方向性
〜ガバナンスとNPMのあいだ
佐々木雅幸 800円

No.96 創造都市と日本社会の再生
山口二郎 800円

No.97 地方政治の活性化と地域政策
佐藤克廣 800円

No.98 多治見市の政策策定と政策実行
西寺雅也 800円

No.99 自治体の政策形成力
森啓 700円

No.100 自治体再構築の市民戦略
松下圭一 900円

No.101 維持可能な社会と自治
〜『公害』から『地球環境』へ
宮本憲一 900円

No.102 道州制の論点と北海道
佐藤克廣 1,000円

No.103 自治体基本条例の理論と方法
神原勝 1,100円

No.104 働き方で地域を変える
〜フィンランド福祉国家の取り組み
山田眞知子 800円

No.107 公共をめぐる攻防
〜市民的公共性を考える
樽見弘紀 600円

No.108 三位一体改革と自治体財政
岡本全勝・山本邦彦・北良治・
逢坂誠二・川村喜芳 1,000円

No.109 連合自治の可能性を求めて
サマーセミナーin奈井江
松岡市郎・堀則文・三本英司・
佐藤克廣・砂川敏文・北良治 他
1,000円

No.110 「市町村合併」の次は「道州制」か
高橋彦芳・北良治・脇紀美夫・
碓井直樹・森啓 1,000円

No.111 コミュニティビジネスと建設帰農
松本懿・佐藤吉彦・橋場利夫・
山北博明・飯野政一・神原勝
1,000円

No.112 「小さな政府」論とはなにか
牧野富夫 700円

No.113 栗山町発・議会基本条例
橋場利勝・神原勝 1,200円

No.114 北海道の先進事例に学ぶ
宮谷内留雄・安斎保・見野全・
佐藤克廣・神原勝 1,000円

No.115 地方分権改革のみちすじ
—自由度の拡大と所掌事務の拡大—
西尾勝 1,200円

No.116 転換期における日本社会の可能性
—維持可能な内発的発展—
宮本憲一 1,000円

地方自治土曜講座ブックレット

No.2 自治体の政策研究
森啓 600円

No.4 構造改革時代の手続的公正と第2次分権改革 手続的公正の心理学から
鈴木庸夫 1,000円

No.5 自治基本条例はなぜ必要か
辻山幸宣 1,000円

No.6 自治のかたち法務のすがた
天野巡一 1,100円

No.7 自治体再構築における行政組織と職員の将来像
今井照 1,100円

No.8 持続可能な地域社会のデザイン
加藤良重 1,000円

No.9 政策法務の構造と考え方
植木和弘 1,000円

No.10 市場化テストをいかに導入するべきか 〜市民と行政
竹下譲 1,000円

No.11 市場と向き合う自治体
小西砂千夫・稲沢克祐 1,000円

No.22 地方分権推進委員会勧告とこれからの地方自治
西尾勝 500円

No.34 政策立案過程への「戦略計画」少子高齢社会と自治体の福祉
加藤良重 400円

No.42 自治体における政策法務
宮本憲一 1,100円

No.43 自治と分権の政治学
鳴海正泰 1,100円

No.44 公共政策と住民参加
小林康雄 800円

No.45 農業を基軸としたまちづくり これからの北海道農業とまちづくり
篠田久雄 800円

No.46 自治の中に自治を求めて
佐藤守 1,000円

No.47 介護保険は何を変えるのか
池田省三 1,100円

No.48 介護保険と広域連合
大西幸雄 1,000円

No.49 自治体職員の政策水準
佐藤克廣 1,100円

No.50 分権型社会と条例づくり
森啓 1,000円

No.51 分権時代における地域経営
篠原一 700円

No.52 自治体における政策評価の課題
見野全 1,000円

No.53 小さな町の議員と自治体
佐藤克廣 900円

No.54 改正地方自治法とアカウンタビリティ
室崎正之 1,200円

No.56 財政運営と公会計制度
鈴木庸夫 700円

No.59 環境自治体とISO
宮脇淳 900円

No.60 転型期自治体の発想と手法
畠山武道 900円

No.61 分権の可能性 スコットランドと北海道
松下圭一 600円

No.62 機能重視型政策の分析過程と財務情報
山口二郎 800円

No.63 自治体の広域連携
宮脇淳 900円

No.64 町村合併は住民自治の区域の変更である。
佐藤克廣 800円

No.65 自治体学のすすめ
森啓 900円

No.66 市民・行政・議会のパートナーシップを目指して
田村明 700円

No.67 新地方自治法と自治体の自立
松山哲男 900円

No.69 分権型社会の地方財政
井川博 1,000円

No.70 自然と共生した町づくり 宮崎県・綾町
神野直彦 700円

No.71 情報共有と自治体改革 ニセコ町からの報告
森山喜代香 1,000円

No.72 地域民主主義の活性化と自治体改革
片山健也 600円

No.73
山口二郎

No.2 公共政策教育と認証評価システム —日米の現状と課題—
坂本勝 編著　1,100円

No.3 暮らしに根ざした心地良いまち
野呂昭彦・逢坂誠二・関原剛・吉本哲郎・白石克孝・堀尾正靫
1,100円

No.4 持続可能な都市自治体づくりのためのガイドブック
「オルボー憲章」「オルボー誓約」翻訳所収　白石克彦・イクレイ日本事務所編　1,100円

No.5 英国における地域戦略パートナーシップの挑戦
白石克彦編・的場信敬監訳　900円

No.6 マーケットと地域をつなぐパートナーシップ
—英国・地方自治体と市民社会協会という連帯のしくみ—
白石克彦・園田正彦著　1,000円

No.7 政府・地方自治体と市民社会の戦略的連携
—英国コンパクトにみる先駆性的場信敬編　1,000円

No.8 財政縮小時代の人材戦略
—多治見モデル—
大矢野修編著　1,400円

No.10 行政学修士教育と人材育成 —米中の現状と課題—
坂本勝著　1,100円

No.11 アメリカ公共政策大学院の認証評価システムと評価基準
—NASPAAのアクレディテーションの検証を通して—
早田幸政　1,200円

シリーズ「生存科学」
（東京農工大学生存科学研究拠点 企画・編集）

No.2 再生可能エネルギーで地域がかがやく
—地産地消型エネルギー技術—
秋澤淳・長坂研・堀尾正靫・小林久
1,100円

No.3 小水力発電を地域の力で
（独）科学技術振興機構 社会技術研究開発センター「地域に根ざした脱温暖化環境共生社会」研究領域 地域分散電源等導入タスクフォース
1,200円

No.4 地域の生存と社会的企業
—イギリスと日本との比較をとおして—
柏雅之・白石克孝・重藤さわ子
1,200円

No.5 地域の生存と農業知財
澁澤栄・福井隆・正林真之
1,000円

No.6 風の人・土の人
—地域の生存とNPO—
千賀裕太郎・白石克孝・柏雅之・福井隆・飯島博・曽根原久司・関原剛
1,400円

No.7 地域からエネルギーを引き出せ！
PEGASUS ハンドブック（環境エネルギー設計ツール）
堀尾正靫・白石克孝・重藤さわ子・定松功・土山希美枝　1,400円

都市政策フォーラムブックレット
（首都大学東京・都市教養学部 都市政策コース 企画）

No.1「新しい公共」と新たな支え合いの創造へ —多摩市の挑戦—
首都大学東京・都市政策コース
900円

No.2 景観形成とまちづくり
—「国立市」を事例として—
首都大学東京・都市政策コース
1,000円

No.3 都市の活性化とまちづくり
—「制度設計から現場まで」—
首都大学東京・都市政策コース
1,000円

北海道自治研ブックレット

No.1 市民・自治体・政治
再論・人間型としての市民
松下圭一　1,200円

No.2 議会基本条例の展開
その後の栗山町議会を検証する
橋場利勝・中尾修・神原勝
1,200円

No.3 福島町の議会改革
議会基本条例開かれた議会づくりの集大成
溝部幸基・石堂一志・中尾修・神原勝

TAJIMI CITY ブックレット

No.2 転型期の自治体計画づくり
松下圭一　1,000円

No.3 これからの行政活動と財政
西尾勝　1,000円

No.42 《改訂版》自治体破たん
・「夕張ショック」の本質
橋本行史 1,200円

No.43 分権改革と政治改革
～自分史として
西尾勝 1,200円

No.44 自治体人材育成の着眼点
浦野秀一・井澤壽美子・野田邦弘・
西村浩・三関浩司・杉谷知也・坂口
正治・田中富雄 1,200円

No.45 障害年金と人権
――代替的紛争解決制度と大学・
専門集団の役割
橋本宏子・森田明・湯浅和恵・池原
毅和・青木久馬・澤静子・佐々木久
美子 1,400円

No.46 地方財政健全化法で財政破綻
は阻止できるか
夕張・篠山市の財政運営責任を追及する
高寄昇三 1,200円

No.47 地方政府と政策法務
市民・自治体職員のための基本テキスト
加藤良重 1,200円

No.48 政策財務と地方政府
市民・自治体職員のための基本テキスト
加藤良重 1,400円

No.49 政令指定都市がめざすもの
高寄昇三 1,400円

No.50 良心的裁判員拒否と責任ある
参加
～市民社会の中の裁判員制度～
大城聡 1,000円

No.51 討議する議会
～自治のための議会学の構築をめ
ざして～
江藤俊昭 1,200円

No.52 大阪都構想と橋下政治の検証
――府県集権主義への批判――
高寄昇三 1,200円

No.53 虚構・大阪都構想への反論
――橋下ポピュリズムと都市主権の
対決――
高寄昇三 1,200円

No.54 大阪市存続・大阪都粉砕の
戦略
地方政治とポピュリズム
高寄昇三 1,200円

No.55 「大阪都構想」を越えて
――問われる日本の民主主義と地方自治
大阪自治体問題研究所・企画 1,200円

No.56 翼賛議会型政治・地方民主主義
への脅威
――地域政党と地方マニフェスト――
高寄昇三 1,200円

No.57 なぜ自治体職員にきびしい法遵
守が求められるのか
加藤良重 1,200円

朝日カルチャーセンター
地方自治講座ブックレット

No.1 自治体経営と政策評価
山本清 1,000円

No.2 ガバメント・ガバナンスと
行政評価システム
星野芳昭 1,000円

No.3 政策法務は地方自治の柱づくり
辻山幸宣 1,000円

No.5 政策法務がゆく！
北村喜宣 1,000円

政策・法務基礎シリーズ
――東京都市町村職員研修所編

No.1 これだけは知っておきたい
自治立法の基礎 600円

No.2 これだけは知っておきたい
政策法務の基礎 800円

福島大学ブックレット
『21世紀の市民講座』

No.1 外国人労働者と地域社会の未来
桑原靖夫・香川孝三（著）
坂本恵（編著） 900円

自治体政策研究ノート

No.1 住民による「まちづくり」の
作法
今井照 900円

No.3 今西一男 1,000円

No.4 格差・貧困社会における
市民の権利擁護
金子勝 900円

No.5 法学の考え方・学び方
――リーガル・イェーリングにおける「秤」と「剣」
富田哲 900円

No.6 今なぜ権利擁護か
――ネットワークの重要性――
高野範城・新村繁文 1,000円

No.7 小規模自治体の可能性を探る
保母武彦・菅野典雄・佐藤力・
竹内晃俊・松野光伸 1,000円

地域ガバナンスシステム・
シリーズ
（龍谷大学地域人材・公共政策開発
システム オープン・リサーチ・
センター 企画・編集）

No.1 地域人材を育てる
自治体研修改革
土山希美枝 900円

地方自治ジャーナルブックレット

No.3 使い捨ての熱帯林
熱帯雨林保護法律家リーグ 971円

No.4 自治体職員世直し志士論
村瀬誠 971円

No.8 市民的公共性と自治
今井照 1,166円 [品切れ]

No.9 ボランティアを始める前に
佐野章二 777円

No.10 自治体職員の能力
自治体職員能力研究会 971円

No.11 パブリックアートは幸せか
山岡義典 1,166円

No.12 市民がになう自治体公務
パートタイム公務員論研究会 1,359円

No.13 行政改革を考える
山梨学院大学行政研究センター 1,166円

No.14 上流文化圏からの挑戦
山梨学院大学行政研究センター 1,166円

No.15 市民自治と直接民主制
高寄昇三 951円

No.16 議会と議員立法
上田章・五十嵐敬喜 1,600円

No.17 分権段階の自治体と政策法務
松下圭一他 1,456円

No.18 地方分権と補助金改革
高寄昇三 1,200円

No.19 分権化時代の広域行政
山梨学院大学行政研究センター 1,200円

No.20 あなたのまちの学級編成と地方分権
田嶋義介 1,200円

No.21 自治体も倒産する
加藤良重 1,000円

No.22 ボランティア活動の進展と自治体の役割
山梨学院大学行政研究センター 1,200円

No.23 新版・2時間で学べる「介護保険」
加藤良重 800円

No.24 男女平等社会の実現と自治体の役割
山梨学院大学行政研究センター 1,200円

No.25 市民がつくる東京の環境・公害条例
市民案をつくる会 1,000円

No.26 東京都の「外形標準課税」はなぜ正当なのか
青木宗明・神田誠司 1,000円

No.27 少子高齢化社会における福祉のあり方
山梨学院大学行政研究センター 1,200円

No.28 財政再建団体
橋本行史 1,000円 [品切れ]

No.29 交付税の解体と再編成
高寄昇三 1,000円

No.30 町村議会の活性化
山梨学院大学行政研究センター 1,200円

No.31 地方分権と法定外税
外川伸一 800円

No.32 東京都銀行税判決と課税自主権
高寄昇三 1,000円

No.33 都市型社会と防衛論争
松下圭一 900円

No.34 中心市街地の活性化に向けて
山梨学院大学行政研究センター 1,200円

No.35 自治体企業会計導入の戦略
高寄昇三 1,100円

No.36 行政基本条例の理論と実際
神原勝・佐藤克廣・辻道雅宣 1,100円

No.37 市民文化と自治体文化戦略
松下圭一 800円

No.38 まちづくりの新たな潮流
山梨学院大学行政研究センター 1,200円

No.39 ディスカッション・三重の改革
中村征之・大森彌 1,200円

No.40 政務調査費
宮沢昭夫 1,200円

No.41 市民自治の制度開発の課題
山梨学院大学行政研究センター 1,100円

「官治・集権」から
「自治・分権」へ

市民・自治体職員・研究者のための
自治・分権テキスト

《出版図書目録》
2011.8

公人の友社

112-0002　東京都文京区小石川 5 − 26 − 8
TEL　03-3811-5701
FAX　03-3811-5795
メールアドレス　info@koujinnotomo.com

●ご注文はお近くの書店へ
　小社の本は店頭にない場合でも、注文すると取り寄せてくれます。
　書店さんに「公人の友社の『○○○○』をとりよせてください」とお申し込み下さい。5日おそくとも10日以内にお手元に届きます。
●直接ご注文の場合は
　電話・ＦＡＸ・メールでお申し込み下さい。（送料は実費）
　　TEL　03-3811-5701　FAX　03-3811-5795
　　メールアドレス　info@koujinnotomo.com
　　　　　　　　　　　　　　（価格は、本体表示、消費税別）